가깝고도
먼 우리
함께 살기

가깝고도 먼 우리 함께 살기

서울의 중국동포 여성 이야기

신경희 지음

서울연구원
The Seoul Institute

근현대 동북아시아의 요동치는 시공간을 헤치며

2016년 10월 가을부터 4개월 동안 서울에 살고 있는 스물여덟 명의 중국동포 여성들을 만나 그들의 삶과 일상의 이야기를 듣고 기록했다. 이야기에는 그들이 태어나고 자란 중국 동북 3성[1] 외에 베이징北京, 상하이上海, 칭다오青島 등 중국의 도시와 북한, 러시아, 일본, 그리고 한국의 지방 도시와 서울 등이 등장했다. 그들의 경험과 인식 범위는 동북아시아 전반을 가로지를 만큼 폭넓었다. 중국동포 여성들의 이야기를 들을수록 지금까지 내가 생각한 동북아시아 지도에는 이가 빠진 듯 북한이 존재하지

1 두만강, 압록강과 경계한 행정구역상 중국의 지린성(吉林省), 헤이룽장성(黑龍江省), 랴오닝성(遼寧省)을 일컬음.

않고, 중국의 조선족도 자리하지 않았다는 것을 깨달았다. 아울러 요동치는 근현대 동북아시아의 150여 년 세월 동안 중국동포들이 국경을 넘나드는 이동을 감행하면서 시대의 큰 파고를 헤치고 살아왔음을 알게 되었다.

1990년대 이후 중국 조선족 사회의 변화를 보여 주는 연구에 의하면 변화의 핵심에 여성이 있으며, 조선족 사회를 이해하는 데 여성의 역할이 매우 중요하다고 한다[2]. 최근 국제 이주 현상으로 '이주의 여성화'가 있다. 결혼이주여성 증가와 돌봄 영역을 비롯해 다양한 업종에서 일하는 중국동포 여성과 외국인 여성 노동자를 떠올리면 이해하기 쉽다. 여성과 젠더 관점이 아니더라도 중국동포 생활 전반을 통합적으로 이해하기 위해서는 삶의 이야기를 생생하게 풀어낼 수 있는 여성과 소통하는 것이 더 유리했다.

행정 통계에 따르면 2016년 서울에 사는 외국인 수는 46만 명을 약간 밑돈다. 그 가운데 중국동포가 57퍼센트를 차지하고 있다[3]. 서울에 거주하는 중국동포 중 여성은 53퍼센트로 남성보다 그 수가 약간 더 많다. 서울에 사는 외국인 수가 늘어나고 있다니 동남아시아, 유럽, 아프리카, 아메리카 등 인종적으로 우리와 다른 외국인들이 나수라고 생각하기 쉽다. 난일민족

2 권태환, 2005, 『중국 조선족사회의 변화, 1990년 이후를 중심으로』, 서울대학교출판부.

3 행정자치부, 2015, 지방자치단체 외국인 주민현황.

신화가 강한 우리 사회의 영향인지, 필자가 생각하는 외국인 범주에 중국동포는 살짝 비켜나 있었던 것 같다. 그래서인지 서울에 사는 외국인 중 한 민족인 중국동포 수가 절반을 훌쩍 넘는다는 사실이 새롭게 다가왔다.

이 글은 서울에서 살고 있는 중국동포 여성의 생활상 애로점을 알아보고 서울시 차원에서 이를 해소하고 지원하는 방안을 마련하는 데 초점을 둔 정책연구로 시작했다. 그런데 중국동포 여성을 인터뷰하던 중 서울시 관련 정책 이슈가 많지 않음이 드러났다. 중국동포 여성은 안정적으로 체류할 수 있는 재외동포 비자나 영주권 등의 체류 자격 취득을 가장 원했다. 이는 일자리를 얻는 것, 그리고 가족이 모여 사는 것과 관련이 있기 때문이다. 체류 자격은 중앙정부 차원의 정책 이슈이다. 일을 하면서 아동을 키우는 중국동포 여성은 어린이집 보육료를 지원받지 못하는 것을 매우 아쉽게 여겼다. 돌봄 노동이나 식당 종업원처럼 일자리 이동이 잦은 중국동포 여성에게는 사설 직업소개소의 부당한 중개 수수료가 문제였다. 그 외 다문화가족지원센터의 회원 자격 제한, 영어 이름으로만 표기된 외국인 등록증의 불편함, 중국동포에 대한 한국 사회의 편견 등을 토로했다.

중국동포 여성의 인터뷰가 끝나 갈 무렵 그들의 삶과 일상을 그들의 목소리로 재현하고 기록으로 남기는 것이 의미 있다고 판단했다. 인터뷰 과정을 녹취할 수 있도록 참여자들이 허

락했기 때문에 가능한 일이었다. 이 책은 인터뷰 내용을 토대로 중국동포 여성들이 태어나고 자란 중국에서의 생활, 현재 살고 있는 서울 생활, 미래 삶의 전망이란 세 축으로 구성되었다. 이야기를 주제별로 세분화하여 기술하고 해석하는 것이 필자의 역할이지만, 이 책은 가능한 중국동포 여성의 이야기를 육성 그대로 전달하는 데 주력했다. 책을 읽다 보면 중국동포 여성이 자신을 포함하여 가족의 과거와 현재 생활, 한국 사회에 대한 인식, 미래 삶의 전망을 생동감 있게 풀어내고 있음을 볼 수 있을 것이다.

처음 만난 필자를 때로는 집으로 초대하여 개인과 가족의 생활사를 들려주고 녹취까지 허락해 준 중국동포 여성들에게 진심으로 감사드린다. 중국동포 여성을 만나는 데 중간다리 역할을 해준 이해응 박사에게 감사 인사를 전한다. 통계자료 정리와 연구 지원 업무로 이 글을 쓰는 데 큰 도움을 준 최지원 연구원에게도 감사한다. 빈약한 원고를 공들여 멋진 책으로 만들어 준 출판팀 전말숙 박사에게도 감사의 말을 전하고 싶다.

신경희

차례

1장

중국동포
여성을 만나다

01

중국동포 여성은 누구인가

특정집단을 일컫는 명칭의 변천은 그 집단이 처한 시대적 상황을 반영한다. 19세기 말부터 독립운동이나 경제적 기회 추구 등 다양한 이유로 한반도에서 만주로 건너간 조선인들 중 1945년 해방 이후 한반도로 귀환하지 않고 중국에 남은 사람들이 있다. 중국에서 조선인이 조선족으로 불리기 시작한 것은 1955년 중국에 옌볜조선족자치주延边朝鲜族自治州가 생기면서이다. 중국에 남은 조선인이 다민족 사회인 중국에서 소수민족 조선족으로 불리면서 중국 공민(국민)의 지위를 가지게 된 것이다[4].

한국 정부는 1979년부터 중국에 거주하는 독립 유공자 후손 귀환 대책을 시행했다. 이를 기점으로 조선족이 한국으로 들

4 곽승지, 2013, 『조선족, 그들은 누구인가』, 인간사랑.

어온 지 거의 40년이 되어 간다. 조선족의 한국 이주가 한 세대를 넘어가면서 우리 사회에서는 조선족을 중국동포로 대체해 부르기 시작했다. 국립국어원은 한국에 거주하는 조선족을 중국동포로 부르자고 제안했다. 다민족 국가인 중국에서 조선족은 소수민족의 정체성을 드러내는 용어이므로 사용하는 것이 당연하다. 하지만 한국에 체류하는 중국동포를 한국 정부나 한국인이 굳이 중국의 소수민족을 의미하는 조선족으로 부르는 것은 적합하지 않고, 차별적 의미를 부여하는 느낌이 있어 중국동포로 부르자는 것이다[5].

공공기관에서는 조선족 대신 중국동포라는 용어를 사용하고 있다. 정부의 외국인 통계조사에서는 한국계 중국인으로 분류된다. 서울시는 한국계 중국인과 한국계 중국인 중 귀화한 사람을 중국동포로 규정한다. 한국계 중국인이란 대한민국의 국적을 보유했던 사람으로 중국 국적을 취득한 사람, 그리고 부모나 조부모 어느 한 편이 대한민국 국적을 보유했던 자로 중국 국적을 취득한 사람을 의미한다[6]. 중국 국적을 가진 조선족과 한국 국적을 취득한 조선족을 중국동포로 규정하고 있는 것이다.

이 책에서는 중국동포라는 용어를 일차적으로 사용하되 이

5 국립국어원, 2009, 이런 말에 그런 뜻이? 차별과 편견을 낳는 말들.
6 서울시 외국인다문화담당관, 2015.2., 주요업무 현황.

야기 맥락에 따라 조선족으로 쓰기도 했다. 이 책에 나오는 중국동포 여성들은 인터뷰 당시 서울과 수도권에 살았으며, 중국 국적자도 있고 귀화자도 있다. 중국동포는 공공기관이 공식적으로 사용하는 용어로 중국 국적자나 귀화자를 포괄할 수 있어 적절하다고 보았다. 서울에 거주하는 중국동포 절반은 중국동포라는 명칭을 선호했다[7]. 최근 중국동포 주제로 글을 쓰는 필자들은 조선족 또는 중국동포 용어 사용에 대한 자신들의 견해를 밝히기도 한다[8].

7 서울특별시, 2013, 서울거주 중국동포 실태조사 및 정책 수립 연구.

8 중국동포 연구자는 각자의 글에서 중국동포 또는 조선족 단어를 선택하는 이유를 밝힌다. 신혜란은 '조선족'이란 용어가 더 낫다고 말한다. 중국동포는 한국인 중심의 표현이며, 그의 글을 한국 사람만 읽는다는 보장이 없는 데다 조선족을 깔보는 사람들 때문에 조선족을 조선족이라 부르지 못한 과거를 돌아보자는 마음에서 조선족이라는 용어를 사용한다고 밝혔다(신혜란, 2016, 『우리는 모두 조선족이다』, 이매진).

02

어떻게 만났나

중국동포 여성 이야기는 일대일 심층 인터뷰, 서너 명으로 이루어진 초점 집단 인터뷰FGI, Focus Group Interview, 중국동포 쉼터에서 즉석으로 이루어진 현장 비공식 인터뷰 등의 방식으로 수집되었다. 심층 인터뷰에 참가한 여성은 열여섯 명이고, 초점 집단 인터뷰 참가자는 일곱 명, 현장 비공식 인터뷰로 만난 여성은 다섯 명이다. 중국동포 지원기관에서 실무자로 일하는 한국인 세 명을 인터뷰하여 간접적으로 중국동포 여성의 생활상을 듣기도 했다.

심층 인터뷰와 눈덩이 표집

중국동포가 한국으로 이주한 지 40여년에 이르렀기 때문에, 세대별 변화의 흐름과 차이를 볼 수 있다면 의미가 있다고 보았다. 20대부터 30대, 40대, 50대, 60대까지 각 연령대별로 세 명의 여성, 총 열다섯 명을 심층 인터뷰한다는 목표를 잡았다. 심층 인터뷰는 중국에서의 성장 과정과 생활, 한국 이주 과정과 한국 생활, 향후 삶의 전망 등 과거, 현재, 미래의 세 단계 내용으로 구성되었다.

세부 질문은 출생지, 청소년기의 성장 과정과 학업, 가족관계, 중국에서의 경제활동, 한국 이주 경로와 한국에서의 경제활동과 사회 활동, 차별 경험과 정체성, 한국 사회에 바라는 희망 사항, 향후 정착지 등으로 이루어졌다. 인터뷰 참여자의 이야기 흐름을 가능한 끊지 않기 위해 인터뷰 상황에 따라 질문 순서를 바꾸고, 질문 내용을 추가했다. 이른바 반구조화semi-structured된 방식으로 심층 인터뷰를 진행했다. 인터뷰 시작 전에 인터뷰 목적을 설명하고 미리 준비한 연구 참여 동의서에 사인을 받은 뒤 인터뷰 과정 녹취에 동의를 구했다.

중국동포 여성 관련 문헌을 찾는 중 한국에서 돌봄 노동을 하는 중장년 중국동포 여성을 주제로 한 논문을 읽었다. 중국동포 여성 연구자가 쓴 이 논문은 학술적 완성도가 높으면서 돌봄 여성 노동자의 한국 생활을 현장감 있게 전달하고 있었다. 필자는 이 연구자를 개인적으로 알지 못했으나, 한 다리 건너 연구자와 접촉이 가능했다. 그에게 연구 목적을 설명하고 인터뷰에 참가할 중국동포 여성을 소개해 줄 수 있는지 부탁했다.

그러고는 20대와 30대, 40대, 50대 여성 각각 한 사람을 소개받았다. 이후 인터뷰 참가자에게 그 다음 참가자를 소개받는 이른바 눈덩이 표집snowball sampling을 했다. 중도입국한 청소년 지원기관, 중국동포 중심의 교회, 중국동포단체의 실무자를 통해 인터뷰 참가자를 소개받기도 했다. 2016년 10월부터 2017년 1월까지 총 열여섯 명의 중국동포 여성을 심층 인터뷰했다. 참가자 편의성을 고려하여 참가자 집 근처의 유료 모임방을 이용하거나, 참가자가 집으로 초청한 경우는 자택에서, 그리고 참가자의 직장, 참가자가 이용하는 지원기관과 교회의 모임 공간 등에서 인터뷰가 이루어졌다. 20대와 30대 참가자는 인터뷰 초반부터 활달하고 적극적으로 대응했고, 40대는 담담하고 편하게 자신들의 이야기를 풀어 나갔다. 50대와 60대는 처음에는 머뭇거리거나 긴장하기도 했지만 시간이 지나면서 가슴속 이야기를 들려주며 간혹 눈물을 비추기도 했다.

초점 집단 인터뷰

초점 집단 인터뷰에 참가한 중국동포 여성은 일곱 명이다. 네 명과 세 명, 두 팀으로 나누어 집단 인터뷰를 했다. 20대 유학생, 30대 중국동포단체 활동가 두 명과 식당 주인, 40대 학원원장과 연구원, 50대 이중언어 강사가 참가했다. 참가자 각각이 자신의 이력을 소개한 후, 한국 생활의 애로 사항, 한국에 정착하는 데 도움을 준 기관, 삶의 전망, 한국 정부와 서울시에 바라는 사항에 대해 이야기를 주고받았다. 참가자 동의하에 인터뷰 과정을 녹취했다.

비공식 현장 인터뷰

서울시 구로구 소재 교회에서 운영하는 중국동포 여성 쉼터를 둘러볼 기회가 있었다. 쉼터 방문 당일, 일이 없어 쉼터에 있거나 교회 일을 도와주는 중국동포 여성 다섯 명을 만날 수 있었다. 그들이 한국에 온 이유와 서울 생활의 애로 사항 등에 대해 이야기를 묻고 나누었다. 쉼터에서 지내는 여성 대부분은 50대와 60대로 주로 병원에서 개인 간병 일을 하거나 가사 도우미로 일한다.

03

만난 사람들

인터뷰에 참가한 중국동포 여성 스물세 명을 간단하게 소개한다. 이름은 모두 가명이다.

20대

• 허선 씨는 1996년생으로 중국동포 5세대이며 지린성 창춘長春 출신이다. 외동으로 자랐다. 고등학교까지 조선족 학교를 다녀 한국어와 중국어 모두 유창하다. 한국에는 2015년 5월 입국했다. 서울 소재 대학교에서 학사 과정을 하고 있다. 양친 모두 한국에서 일하고 있으며 이혼했다. 용산구의 한 게스트 하우스에서 혼자 살고 있다. 동포방문 비자C-3-8로 입국하여, 재외동포 비자F-4로 전환했다.

• 박선미 씨는 1992년생으로 중국동포 4세대이며 지린

성 옌지延吉 출신이다. 외동이다. 중국에서 대학을 졸업했다. 어린이집부터 고등학교까지 중국 학교를 다녔고, 집에서도 양친이 중국어를 사용했기 때문에 한국어가 서투르다. 통역자 도움을 받아 인터뷰했다. 양친 모두 현재 한국에서 일하고 있다. 서울에서 일하고 있는 어머니가 한국말도 배울 겸 오라고 해서 2015년 1월 입국했다. 현재 중도입국 청소년 기관에서 한국어를 배운다. 부모와 함께 강서구에서 산다. 동포방문 비자를 받아 입국했는데, 재외동포 비자로 전환할 예정이다.

• 주화선 씨는 1991년생이며, 지린성 옌지 출신이다. 외동으로 자랐다. 중국에서 대학을 졸업하고 한국에서 석·박사과정을 하기 위해 2014년 서울로 왔다. 부모는 중국에 있으며 부친은 대학교수이다. 재외동포 자격으로 있다.

• 최숙연 씨는 1989년생으로 중국동포 4세대이며 헤이룽장성 무단장牧丹江 출신이다. 오빠가 한 명 있다. 조선족 고등학교를 다녀 한국어를 잘하며, 중국에서 대학을 졸업했다. 푸젠성福建省에 있는 한국 기업에서 몇 달간 일한 경험이 있다. 한국에는 2011년 입국했고, 현재 소규모 무역회사에서 사무직으로 일하고 있다. 부친은 의사로 어머니가 병원 일을 돕고 있다. 양친 모두 한국으로 일하러 나온 적이 없다. 중국동포인 이모와 대림동에서 살고 있다. 재외동포 자격으로 있다.

30대

• 전미향 씨는 1979년생이며, 헤이룽장성 하얼빈哈爾濱 출신이다. 조선족 고등학교를 다녔다. 중국동포인 남편을 칭다오에서 만나 결혼하고 한국으로 왔다. 음식점 사업에 성공하여 중국에 분점을 두고 있다. 중국에 있는 식당은 남편이 관리하고 서울에 있는 식당은 전 씨가 관리한다. 전 씨는 귀화했으며 세 명의 자녀를 키우고 있다.

• 변순화 씨는 1984년생이다. 중국동포 3세대이며 지린성 출신이다. 중국에서 대학을 졸업한 후 2008년 한국으로 유학 와서 석사과정을 마쳤다. 중국동포 친구들과 함께 중국어 교습소를 운영하면서 중국동포 권익단체에서 무보수 활동가로 일한다. 양친은 서울에 있고, 중국에는 남동생이 있다. 미혼이며 재외동포 자격으로 있다.

• 이진숙 씨는 헤이룽장성 출신이다. 조선족 고등학교를 다녔다. 베이징에서 일하다가 한국에 먼저 온 친정 부모가 귀화하자, 2006년 한국으로 왔다. 구로구 소재 교회에서 운영하는 중국동포 직업 중개 업무를 하고 있다. 중국동포인 남편, 초등학생 아들과 살고 있다. 귀화를 시도하다가 포기하고 영주권 신청 중이다.

• 김선희 씨는 1980년생으로 중국동포 3세대이다. 지린성 옌볜延邊 출신이다. 옌볜에서 조선족 중학교를 다니고, 고등학교부터 칭다오에서 살았다. 중국에서 대학 졸업하고 2004년 한

국으로 왔다. 한국에 먼저 온 모친이 귀화했고, 김 씨도 2008년 한국 국적을 취득했다. 한국에서 식당도 직접 운영해 봤다. 현재는 대림동에서 사무실을 운영하며 중국동포단체에서 임원으로 활동하고 있다. 미혼이다.

• 김영화 씨는 1980년생으로 중국동포 3세이며, 지린성 옌볜 출신이다. 조선족 고등학교를 졸업했다. 한국에는 1999년 입국했다. 불법체류로 일하다가 한국인과 결혼하여 귀화했고, 초등학교에 다니는 아들이 있다. 강서구 소재 연립주택에서 자가로 살고 있다. 식당에서 시간제로 일한다.

• 신매순 씨는 1980년생이며 중국동포 3세대로 지린성 옌볜 출신이다. 조선족 고등학교를 졸업하고 대학은 베이징에서 다녔다. 베이징 소재 한국 건설회사에서 일한 경험이 있다. 2006년 전액 장학금을 받아 한국에 와서 석사과정을 마치고, 현재 박사 논문을 쓰고 있다. 조선족 학교 교장이었던 부친과 교사였던 모친은 중국에서 살고 있다. 미혼이며 본인 표현에 의하면 한국인 선배 집에 얹혀살고 있다. 재외동포 자격으로 있다.

• 장춘희 씨는 1981년생으로 중국동포 4세대이며, 지린성 휘난현輝南縣 출신이다. 중국에서 조선족 고등학교를 거쳐 사범대학을 졸업했다. 교사 생활을 하다 한국에는 2006년 입국했다. 현재 중국인 대상 관광 가이드 일을 하고 있다. 남편은 중국동포이며 어린이집에 다니는 아들이 있다. 친정어머니가 서울

에 있다. 불법체류로 일했던 친정아버지가 중국으로 돌아갔는데, 한국으로 재입국하지 못해 애를 태우고 있다. 재외동포 비자로 체류하고 있으며, 귀화 신청 중이다. 은평구 소재 연립주택을 구입하여 남편과 아들, 시어머니, 친정어머니와 함께 산다.

40대

• 이영래 씨는 1975년생으로 중국동포 4세대이며, 지린성 지안集安 출신이다. 조선족 고등학교를 다녔고, 중국에서 대학을 졸업했다. 중국 대학교에서 일하는 중 대학교 교환연구원 1년 프로그램에 선발되어 2001년 한국으로 왔다. 한국에서 석·박사학위를 취득하고 2016년 귀화했다. 공공기관의 정규 연구직을 희망하면서 현재 프리랜서 연구자로 일하고 있다. 중국동포와 결혼했고 일곱 살 된 아들이 있다. 은평구 소재 연립주택에서 자가로 산다.

• 이향숙 씨는 1971년생으로 중국동포 3세대이며, 지린성 옌지 출신이다. 조선족 고등학교를 다녔고, 중국에서 사범대학을 졸업했다. 중국에서 교사로 일하다가 한국인 남성과 결혼하여 2000년 한국으로 왔다. 중학생 아들과 초등학생 딸 남매를 두고 있다. 현재 중국어 개인교습을 하고 있다. 언니도 한국인과 결혼하여 경기도에 사는데, 친정어머니가 함께 살고 있다. 서대문구 소재 아파트에 자가로 살고 있다.

• 최명희 씨는 1971년생으로 중국동포 3세이며, 헤이룽

장성 하얼빈 출신이다. 조선족 고등학교를 졸업했다. 한국에는 1996년 산업연수생으로 입국했다. 한국에서 중국동포와 결혼하여 부부가 불법체류로 지내다 남편이 한국 국적을 취득했다. 최 씨는 중국으로 돌아갔다가 결혼이주자로 2008년 한국에 재입국했다. 현재 공장에서 계약직으로 일한다. 중학생 아들이 있다. 서울 구로동에서 살다가 서울보다 비교적 집값이 낮은 인천 부평시에 연립주택을 사서 이사했다. 귀화하지 않고 국민의 배우자 자격F-2으로 있다.

• 손화경 씨는 1970년생으로 중국동포 3세대이며, 지린성 메이허커우梅河口 출신이다. 조선족 중학교를 다니다 중퇴했다. 1996년 산업연수생으로 한국에 왔고, 불법체류로 지냈다. 중국동포 남편과 불법체류로 지내다, 한국에 연고가 있는 친정어머니가 귀화했기 때문에 현재 방문동거 비자F-1로 있다. 한국에 연고가 있는 시부모도 한국 국적을 취득했다. 남편과 한국에서 태어난 중학생 아들도 방문동거 자격으로 있다. 귀화 신청 중에 있으나 한 번 탈락되었다. 귀화 신청을 위한 서류 구비에 많은 비용을 들이고 있다. 현재 식당 일용직으로 일하고 있으나 방문동거 자격으로는 일을 할 수 없기 때문에 불안하다. 남편과 아들, 친정어머니와 함께 구로동 다가구주택에서 전세로 살고 있다.

• 서민선 씨는 1971년생으로 중국동포 3세대이다. 헤이룽장성 출신이다. 중국에서 교사 생활을 하다 1995년에 양친과

함께 한국으로 왔다. 경상도에 연고가 있는 부친이 한국에 호적이 있어 한국으로 온 해 귀화했다. 서 씨도 한국인과 결혼하여 귀화했다. 서 씨는 한국에서 석사과정을 마쳤다. 현재 대림동에서 중국동포 중도입국 자녀를 위한 보습학원을 운영하고 있다. 딸은 한국에서 고등학교를 졸업하고 대학은 중국으로 유학갔다.

50대

• 김연자 씨는 1966년생으로 중국동포 3세대이며 랴오닝성 단둥丹東 출신이다. 중학교까지 중국 학교를 다녔다. 한국말이 유창하지는 않으나 의사소통은 가능하다. 한국에는 2003년에 왔고, 현재 입주 육아 도우미로 일하고 있다. 중국에서 대학 졸업한 딸이 서울에 왔기 때문에 대림동에 전월세 다가구주택을 구했다. 주말에는 딸이 있는 집으로 와서 함께 지낸다. 재외동포 비자로 있다.

• 김미순 씨는 1965년생으로 헤이룽장성 하얼빈 출신이다. 중국에서 고등학교를 다녀 조선어가 서툴다. 2003년 결혼이주로 한국에 왔으며, 재혼이다. 비영리단체에서 운영하는 한국어 교실에서 공부하다 이주여성을 지원하는 단체와 연계되어 이주여성 상담원으로 일했다. 지인들과 공동으로 비영리단체를 설립하여 한국어와 중국어 이중언어를 가르치는 강사로 활동하고 있다. 자녀는 셋이며, 10대 청소년기에 중도입국한

큰아들이 스물여섯이 되었다.

• 문경숙 씨는 1961년생으로 중국동포 3세대이며 지린성 옌지 출신이다. 조선족 고등학교를 다녔고, 대학 졸업자이다. 한국에는 2010년에 왔고, 현재 사무직으로 일한다. 구로동에 살다가 경기도 광명시로 옮겨 전세로 살고 있다. 영주권 신청 중에 있고 재외동포 자격으로 있다.

• 이용선 씨는 1960년생으로 중국동포 3세대이다. 지린성에서 태어나 헤이룽장성에서 자랐다. 고등학교까지 중국 학교를 다녔으나 한국어로 의사소통이 가능하다. 한국에는 2007년 입국했다. 현재 재가요양보호사로 일한다. 2016년에 서울로 온 남편은 경기도에 있는 노인요양시설에서 간병사로 일한다. 중국에서 대학원을 마친 작은아들은 상하이에서 일한다. 대학을 졸업하지 못한 큰아들은 한국에서 화물차를 운전하며 함께 살고 있다. 김 씨는 영등포에서 살다가 남편과 아들이 한국에 오면서 집값이 낮은 경기도 군포시에 방 두 개를 얻어 이사했다. 재외동포 자격으로 있다.

60대

• 정경순 씨는 1955년생으로 중국동포 2세대이며, 랴오닝성 푸순撫順 출신이다. 조선족 학교를 고등학교까지 다녔다. 한국에는 2008년 입국했다. 현재 교회 쉼터에 거주하면서 교회 주방 일을 하고 있다. 방문취업 자격H-2으로 있다.

• 황연숙 씨는 1950년생으로 중국동포 2세대이며 헤이룽장성 하얼빈 출신이다. 조선족 중학교를 중퇴했다. 한국에는 2001년 입국했고, 연고가 있어 2016년 한국 국적을 취득했다. 현재 산모 도우미로 일하고 있다. 중국에서 공사를 다닌 남편은 퇴직 후 한국으로 왔고 재외동포 자격으로 체류한다. 함께 사는 아들은 한족 여성과 결혼하여 가족을 중국에 두고 서울에서 일하고 있다. 딸은 한국인과 결혼하여 서울에 산다. 오류2동 다가구주택에서 전세로 살고 있다.

• 조현순 씨는 1947년생으로 중국동포 2세대이며, 지린성 룽징龍井 출신이다. 조선족 중학교를 졸업했다. 한국에는 2007년 입국했다. 현재 교회 쉼터에 머물면서 병원 개인 간병 일을 하고 있다. 아들 부부도 서울에 있다. 재외동포 자격으로 있다.

04

통계로 본 서울의 중국동포 여성

한국에 거주하는 중국동포는 69만 4,256명(2015년 12월 기준)이다. 이 중 37.8퍼센트인 26만 2,545명이 서울에 산다. 서울에 거주하는 중국동포의 52.9퍼센트가 여성으로 남성보다 그 수가 약간 많다. 서울 거주 중국동포 여성 중 한국 국적을 취득한 여성은 15.8퍼센트이다. 남성의 한국 국적 취득률은 여성의 절반 수준인 7.2퍼센트이다[9].

외국인으로 등록되어 서울에 거주하는 중국동포 여성을 인구 구조적으로 보면 50대 이상의 중장년 여성이 많고, 10~20대 청년 여성이 적은 특징을 보인다. 50대 이상의 여성이 50.4

9 행정자치부, 2015, 지방자치단체외국인주민현황(외국인 주민 범위는 90일 이상 거주 외국인, 한국 국적을 취득한 외국인, 국제결혼 가정의 자녀임).

퍼센트로 절반을 차지하고, 40대가 25.8퍼센트, 30대가 14.9퍼센트이다. 청년층인 20대와 10대는 각각 7.1퍼센트, 0.3퍼센트로 그 수가 적다[10].

서울에 거주하는 중국동포 여성 중 전문대를 포함한 대학 졸업자는 21퍼센트이다. 20대 여성은 대학 졸업자가 65.8퍼센트로 학력 수준이 가장 높다. 30대 여성도 대학 졸업자가 45.5퍼센트로 학력 수준이 높다. 40대는 고졸자가 52.3퍼센트로 가장 많고, 50대도 고졸자가 48.6퍼센트로 가장 많다. 60대 이상은 중학교 졸업자가 45.1퍼센트로 가장 많고 초등학교 이하 학력자가 38.2퍼센트이다. 연령층이 낮을수록 학력 수준이 높다[11].

또한 조사 시점을 기준으로 한 주간 동안 일을 한 여성은 61.2퍼센트이다. 40대 여성 77.3퍼센트, 50대 70.9퍼센트가 경제활동을 하여 40~50대 중장년층의 경제활동 참가율이 특히 높다. 서울 지역 중국동포 여성이 가장 많이 종사하고 있는 산업은 도소매업, 음식업, 숙박업이다. 일하는 여성의 61.8퍼센트가 이 분야에 종사한다. 개인 및 공공서비스업에서 일하는 여성은 29.5퍼센트이다. 40대 여성은 79.4퍼센트가 도소매업, 음식업, 숙박업에서 일하고 있다. 60대 여성은 66.9퍼센트가 개인 및 공공서비스업에서 일한다.

10 서울통계정보시스템, 법무부, 2016, 출입국외국인정책본부(한국 국적 취득자 제외).
11 통계청, 2015, 외국인고용조사(한국 국적 취득자 제외).

서울 거주 중국동포 여성의 57.4퍼센트는 단순 노무자로 일한다. 서비스직과 판매직에서 일하는 여성은 30.9퍼센트이다. 학력 수준이 높은 30대 여성은 전문직 종사자가 20.2퍼센트이다. 20대 여성은 전문직 11.7퍼센트, 사무직 종사자가 22.8퍼센트이다[12].

일하는 여성의 79.7퍼센트가 월평균 100만 원에서 200만 원 미만의 돈을 벌고 있다. 1주일에 60시간 이상 장시간 노동을 하는 여성이 절반에 가까운 47.9퍼센트이고, 40시간 이상 일하는 여성이 87퍼센트임을 감안하면 장시간 노동에 임금수준은 낮다고 볼 수 있다[13].

12 통계청, 2015, 외국인고용조사(한국 국적 취득자 제외).
13 통계청, 2015, 외국인고용조사(한국 국적 취득자 제외).

2장

중국 생활과 가족

01

민족 언어와 중국어 이중언어의 어려움

서울에 사는 중국동포 여성의 한국어 능력은 중국에서 익힌 민족 언어, 즉 조선어 수준에 달려 있다. 중국동포 여성의 조선어와 중국어 수준은 가정환경과 다녔던 학교, 성장한 동네에 따라 차이가 있다. 부모가 중국어 교육에 특별한 의지가 있지 않는 한 집에서 조선말을 사용하고 자녀를 조선족 학교에 보냈다. 60대 황연숙 씨는 본인 세대에는 조선족 학교가 동네에 있거나 하숙 시킬 경제적 여유가 있는 한 조선족 학교를 다녔다고 한다. 조선족이면 무조건 조선족 학교를 다녀야 한다는 생각이 보편적이어서 기숙사 생활을 하면서까지 조선족 학교를 다녔다.

한족이 주류인 동네에서 중국 학교를 다니면, 부모가 민족 언어 사용을 강조해도 조선말이 서툴다. 게다가 집에서 부모가 중국말로 의사소통을 하면 조선말을 하지 못한다. 문화혁명을 겪으면서 조선족 일부 가정에서는 중국에서 살려면 중국어를 잘해야 한다고 판단하고 자녀를 중국 학교에 보내거나, 집에서도 중국어로 의사소통했다. 50대 김연자 씨는 조선말과 조선글을 몰랐고, 한국에 와서 한국어를 배웠다. 한국에 사는 자매들과는 중국어와 한국어를 섞어 대화한다.

"우리 아버지가 그때 회사에서 무슨 간부질을 했는데, 아버지가 조선족 학교 다니는 거 필요 없다, 중국에서 사니까 중국학교가 더 낫다고 해서, 중국학교 다녔어요. 집에서 저한테만 엄마 아빠가 중국말로 했어요."

조선족 학급과 중국 학급이 있는 옌볜 지역 고등학교를 다닌 50대 이용선 씨는 중국 학급을 선택했다.

"중학교까지는 조선족 학교를 다니고, 고등학교는 중국말 배우려고 중국 반으로 넘어온 애들도 많아요. 중국에서 살려면 중국말 잘해야 되니까. 공부 좀 한다는 애들은 다 중국 반으로 넘어오더라구요. 시대에 맞추어 조선 애들이 중국 반으로 많이 왔어요. 거의 반반 됐어요, 중국 애들하고 조선족 애들이 한 반에 있는 게."

20대 박선미 씨는 조선족이 주류인 옌지에서 성장했으나 어린이집부터 고등학교까지 중국 학교를 다녔다. 집에서도 부모가 중국어를 사용하여 조선말을 못한다. 한국에 먼저 나온 어머니가 권유하여 서울에서 현재 한국어 공부를 하고 있는 박 씨는 어린 시절 외조부모가 조선말을 하면 본인은 중국말로 대답했다고 한다. 그래서인지 한국어가 낯설지 않으나, 외할머니가 했던 조선말과 한국말이 많이 다르다고 한다. 중국에서 고등학교를 다닌 50대 김미순 씨는 집에서는 민족 언어를 사용해야 한다는 부모님 말씀을 듣지 않은 걸 한국에 와서야 후회했다.

"아버지가 경상도에서 태어나고 중국으로 왔는데, 집에서는 무조건 민족의 말을 해야 된다, 민족 언어를 알아야 한다고 교육했어요. 그런데 조선말 잘 몰라도 생활에는 지장이 없고, 오히려 조선말을 배우면서 중국말이 능숙하지 않기 때문에 필요 없다고 생각했어요. 한국에 와서 부모 말을 들을 걸 하고 후회했어요. 우리 애들은 한국말 중국말 다 가르치려고 했고……."

집에서 조선말을 쓰고, 조선족이 많은 동네에서 조선족 고등학교를 졸업한 후, 대학에 가지 않고 한국으로 온 여성은 중국어에 자신이 없다. 옌볜에서 조선족 고등학교를 졸업하자마자 한국으로 온 30대 김영화 씨는 아들이 다니는 학교의 학부모로부터 중국어를 가르쳐 달라는 요청을 받았으나 자신이 없어 거절했다.

"연변에서 살다 보면 중국말 많이 안 써도 살았거든요. 학교에서도 조선말하고, 시장 가면 간단한 중국어만 하면 되고, 그래서 중국어가 유창하지 못해요. 발음도 그렇고……. 한국에 온지 오래되어서 중국말이 입에 턱턱 붙지도 않고."

지린성 출신으로 조선족 중학교를 중퇴한 40대 손화경 씨도 조선족이 많은 동네에서 자라 중국말이 서툴다.

"조선족 동네에서 조선족 학교를 다니고, 중국 사람들하고 어울리지도 않았고, 그래서 중국말을 잘 못하지요, 창피하지만……."

부모가 민족 언어를 강조하고 조선족이 주류인 동네에서 조선족 학교를 다닌 여성은 조선어가 유창하지만 대학에 진학하면서 중국어 수준에 한계를 느낀다. 옌볜에서 조선족 고등학교를 졸업하고 베이징에 있는 대학에 진학한 30대 신매순 씨는 조선어가 중국어보다 편하다.

"대학교에 가서 중국어를 하면서 굉장히 말을 못했어요. 외국에 가서 영어를 못하는 것처럼, 한 달 동안은 말하는 것이 쑥스럽고 그러다가 한 달이 지나면서 조금씩 적응되었지만, 중국말이 한족들처럼 유창하지 못하다는 그런 마음이 조금 있어요, 딱히 큰 어려움은 없지만."

지린성 출신으로 조선족 고등학교를 졸업하고 대학에 진학한 30대 장춘희 씨도 비슷한 어려움을 토로한다. 이들은 중국에서 대학을 다니면서 조선어와 중국어, 이중언어를 유창하게 구사하게 된다.

"집에서 한국말 쓰고 동네가 조선동네이고, 고등학교까지 조선말로 수업하다가 대학교 가서 중국어 하자니까 진짜 힘들었어요. 중국어 배우기만 했지 평상시에는 안 썼거든요. 아빠는 중국어 쓰면 싫어했어요. 민족 언어 놔두고 왜 중국어 쓰는가 하면서……."

한족이 많은 지역에서 조선족 고등학교를 다니고 대학을 졸업한 40대 이영래 씨는 자라면서 이중언어 환경에 노출되어서 중국어와 한국어가 유창하다.

"한족이 훨씬 더 많고 주류인 지역에서 자랐는데, 어렸을 적에 할머니, 할아버지는 거의 조선족 말을 했고, 어머니와 아버지는 이중언어를 하고, 아빠가 중국어를 가르치는 선생님이었기 때문에 이중언어를 많이 했던 것 같아요. 집에서는 조선말 하고, 나가서는 중국어 하고, 학교에서는 이중언어를 했어요. 연변에 갔을 때 백화점에서 조선말이 통하는 게 신기했어요."

조선말이 유창한 중국동포 여성도 한국 생활 초기에는 한국말로 의사소통하는 데 종종 어려움을 겪기도 한다. 중국에서 사용하는 조선어와 한국어 간에 같은 말이라도 의미가 다른 말이 있고, 한국에서 자주 쓰는 외래어가 익숙하지 않기 때문이다. 한국에 와서 간병사로 일한 60대 정경순 씨가 초기에 겪은 어려움을 들려주었다.

"중환자실에서 실습하는데 썩쇠니 빨대니, 못 알아듣는 것도 있었고, 심지어 장갑 있잖아요. 아버지, 어머니는 장갑을 수갑이라고 했어요. 장갑을 수갑이라고 했다가 욕을 먹었지요."

중국의 대학에서 조선어문학을 전공한 50대 문경숙 씨는 중국에서 조선어 방송 경력도 있지만 한국에 와서 의사소통하는 데 가끔 어려움을 느낀다.

"우린 한국이 기준이 아니고 북한사전이 기준이에요. 그래서 북한사전이 내 책상 위에 맨날 있었다는 거죠. 나는 그래도 방송에서 표준어를 많이 썼는데 말하고 5분이면 들통이 나요, 외국에서 왔다는 게. 다른 분들은 1분이면 들통 나요. 사투리가 많지, 그 다음에 한국말을 못 알아들어요, 딱 알아들을 것 같은데. 내가 국회에서 일하면서 제일 어려웠던 게 전화 받는 일이에요. 알아들을 것 같은데 이해를 다 못하는 거요. 이게 익숙하지 않는 거요. 그것만큼 창피한 게 없었어요. 아, 나는 대학까지 나온 사람이 전화도 못 받나, 그게 제일 어렵고, 한국어 능력시험까지 쳤어요. 영주권 딸려고 한국어 능력시험을 쳤는데 듣기 문제가 큰 거 네 개가 있었어요. 한 문제를 겨우 맞혔어요. 아무리 두 번 들고 세 번 들어도 이게 무슨 뜻인지를 분간 못하는 거요. 난 너무 억울하고 너무 힘들었어요. 그래서 겨우 합격됐어요."

중국동포 여성들은 조선족 학교에서 조선어로 수업을 받지만 조선족의 역사나 한반도 역사를 배우지는 않았다. 40대 이영래 씨는 문화대혁명의 트라우마로 한반도 역사나 조선족 역사를 가정이나 학교에서 가르치지 않은 게 아닌가 추측한다.

"조선족 학교이긴 한데 어문이라는 국문을 배우는 것이 가장 특징이었고 그 다음에는 조선말로 수학, 뭐 이런 과목들이 조선말로 되어 있다는 것이 조선족 학교의 상징이지 조선족 역사를 배우는 학교는 아닌 거예요. 언어 쪽에 더 많이 치우치고 있죠. 그러다가 아이들이 최근에 와서 조선글을 잘 못 읽고 (조선어를) 외국어처럼 배우면서 수학 같은 과목을 중국어 교재로 쓰는 학교도 있어요. 저 같은 경우에는 거의 다 조선글로 된 책을 보았는데 중국역사를 배우죠. 세계 역사를 배우고 중국역사를 배우고……. 그중에 조선전쟁이라는 게 있죠. 한 페이지 정도. 그것도 항미원조로 되어 있고. 그러니까 조선족이 어떻게 되어서 중국에 들어오고 그런 이야기가 없어요. 그런데 그 역사를 배우려면 연변조선족자치주에서는 아마 조선어문학과가 있어요. 대학교까지 가야지 그 부분의 역사에 관하여 좀 많이 알 수 있어요. 거기는 항일 투쟁, 혁명열사비도 있고. 그 이외에 사람들, 조선족자치주 지역 이외에 살고 있는 사람들은 조선글 아는 것만으로도 너무나 굉장한 거죠. (조선족이 중국에) 어떻게 왔다는 역사가 진짜 없어요. 대학교에 와서 자기가 관심이 있어서 인터넷이 보급되면서 알게 되는 거죠. 조선족자치주 내에서도 사람들이 공식화된 교육을 통해서 아는 것은 아닌 것 같아요. 제가 어렸을 때는 (조선족) 역사에 대해 강조를 전혀 하지 않았어요. 제 생각에는 이게 문화대혁명의 트라우마인 것 같아요."

2016년 서울서베이 외국인조사에 의하면 한국계 중국 여성의 83퍼센트는 서울에 살면서 언어의 어려움이 없다고 답했다. 스스로 매기는 한국어 말하기와 듣기 점수는 평균 4.2점(5점 만점)으로 잘한다고 평가했다. 의사소통에는 문제가 없으나, 옌볜 억양이 드러나 차별 받은 경험은 있다.

20대 최숙연 씨는 한국에서 채용면접을 봤는데 옌볜 억양을 사용한다는 이유로 두 번 떨어졌다. 말투가 이상하면 한국인들이 좋아하지 않는다는 이야기를 사장으로부터 직접 들었다. 흥미롭게도 조부모나 부모가 경상도 출신인 중국동포 여성이 구사하는 한국어에는 경상도 억양이 묻어 있다. 증조부가 안동에서 중국으로 건너왔다는 30대 장춘희 씨는 자신에게 고향이 안동 어디냐고 묻는 안동 출신의 사람을 가끔 만난다고 한다. 경상도 출신 부모를 둔 60대 황연숙 씨는 경상도 출신이라고 해도 한국 사람들이 믿을 정도이지만 중국교포라고 밝힌다고 한다.

02

결혼은 가능한 조선족끼리 젊은 층은 변화 중

중국에서 조선족은 조선족끼리 결혼하는 풍습을 유지했고, 한국에 와서도 가능한 중국동포를 배우자로 선호하는 경향이 있다. 어머니가 조선족이고 아버지가 한족인 40대 이향숙 씨를 제외하고 인터뷰 참가 여성의 부모들은 모두 조선족이다. 이향숙 씨는 자신과 언니는 어머니를 따라 조선족으로 등록되었고, 어머니가 조선족 학교 교사여서 조선족 학교를 다녔다고 한다. 인터뷰에 참가한 중국동포 여성 중 기혼자는 열여섯 명인데, 조선족과 결혼한 사람이 열두 명, 한국인과 결혼한 여성이 네 명이다. 30대 김영화 씨는 한국에서 만나는 여자 동창 열두 명 중 한국인과 결혼한 사람은 본인밖에 없으며, 친구들은 전부 조선족과 결혼했다고 한다. 미혼인 20대 최숙연 씨는 한국에 살고 있는 동창 중 결혼한 친구가 모두 조선족과 결혼했고, 본인도 결혼할 남자친구가 조선족이라고 한다.

한국에서 8년간 일하다 결혼한 40대 최명희 씨는 아버지가 한국인과 결혼하는 것을 반대하여, 한국에서 중매로 중국동포와 결혼했다. 아버지는 한국 사람과 말은 통하지만 문화 차이가 커서 결혼하면 힘든 일이 많다고 반대했다. 한국에서 5년간 일하다 한국 남자와 결혼한 30대 김영화 씨는 한국인 사위가 싫다는 부모님 반대를 무릅쓰고 결혼했는데, 시댁은 자신을 조선족 며느리라며 극구 반대했다고 한다. 40대 이향숙 씨는 중국에 사업차 온 한국인과 2000년에 연애결혼을 했다. 한국인과 혼인하여 한국에서 먼저 살고 있던 언니가 처음엔 이 씨의 결혼을 반대했다. 한국 사회에서 중국동포에 대해 편견이 많은데, 굳이 한국인과 결혼하여 평생 한국에 살 이유가 없다는 것이 그 이유였다.

학업과 일자리를 위해 동북 3성을 떠나는 조선족이 늘어나고, 중국 학교를 다닌 젊은 세대가 조선어를 못하면서, 조선족끼리 혼인하는 결혼 풍습이 조금씩 변하고 있다. 60대 황연숙 씨는 두 남매를 두었는데 한국인 사위와 한족 며느리를 맞았다. 황 씨는 집에서 조선말을 사용했지만, 한족이 많은 동네에서 자란 자녀들은 초등학교부터 중국 학교를 다녀 조선말을 몰랐다. 딸은 중국에서 고등학교를 졸업한 후 한국어를 공부하여 칭다오에 있는 한국 기업에 근무하다가 한국인을 만나 결혼했다. 황 씨는 딸이 한국인과 결혼해서 한국에 사는 걸 처음엔 반대했다.

아들은 중국말밖에 모르고 중국 사람만 만나다 한족 여성과 결혼했다고 한다.

50대 이용선 씨는 아들이 두 명이다. 작은아들은 조선족 학교를 다녔고, 동창인 조선족 여성과 결혼할 예정이다. 이 씨는 올케가 한족 여성인데 자신의 부모님과 사이가 좋다고 한다. 큰아들은 미혼인데 아들이 좋아하는 사람이면 한족이든 조선족이든 상관없다고 생각한다. 딸이 한 명인 50대 김연자 씨도 딸이 좋아하는 사람이면 조선족이든 한국인이든 한족이든 개의치 않는다고 한다. 60대 조현순 씨는 사위가 한족이고, 30대 김영화 씨와 장춘희 씨, 40대 손화경 씨의 남동생은 한족 여성과 결혼했다.

중국동포 여성은 자녀들이 가능한 조선족 배우자를 만나기를 바라지만 자녀의 선택을 존중하는 쪽으로 바뀌고 있다. 20~30대도 조선족 배우자를 선호하는 경향이 있으나, 선택의 폭을 넓히고 있다. 미혼인 30대 신매순 씨는 형부가 조선족으로 자신도 조선족과 결혼하면 좋겠지만 이제 선택의 폭을 열어두고 있다고 한다. 중국동포 여성은 그들의 사위로 한족, 조선족, 한국인을 맞이하고 있다. 조선족과 한족 며느리를 둔 사람은 있으나, 한국 여성을 며느리로 맞이한 사례는 없다.

03

줄어드는 형제자매 수
출산 제한 정책과 경제적 부담

50~60대 중국동포 여성의 형제자매 수는 가장 적은 사람이 네 명이고, 많게는 열 명까지 있다. 결혼연령은 가장 빠른 사람이 스물두 살, 가장 늦은 사람이 스물여덟 살이다. 60대 황연숙 씨는 스물두 살에 결혼했다. 당시 여성들이 열아홉 살, 스무 살에 결혼했기 때문에 자신이 결혼을 빨리한 것은 아니라고 한다. 황 씨는 당시 조선족은 세 명까지 자녀를 둘 수 있었으나, 자신은 두 명만 낳았다고 한다. 60대 정경순 씨와 조현순 씨도 두 명의 자녀를 두었다.

50대 문경숙 씨는 아들 한 명, 김연자 씨는 딸 한 명을 두었다. 50대 이용선 씨는 아들이 두 명이다. 문 씨는 자신이 아이를 낳은 1980년대 후반, 중국에서는 자녀 수를 한 명으로 제한했다고 한다. 이 씨의 친구들 대부분은 자녀가 한 명이라고 한다. 소수민족인 조선족은 두 명의 자녀를 둘 수 있었지만 중국의 한 자녀 정책을 따라한 조선족이 많았다고 한다.

1980년대에 태어난 여성 네 명은 한 명의 형제자매를 두고 있다. 1980년생인 김영화 씨는 당시 부모가 셋째 아이를 낳으면 벌금을 내야 했다고 기억한다. 1990년대에 태어난 허선 씨와 박선미 씨, 주화선 씨는 외동으로 자랐다. 박 씨는 친구들도 대부분 외동이었다고 전한다.

1970년대에 태어난 40대 중국동포 여성은 형제자매가 최소 두 명에서 다섯 명까지 있다. 40대 이영래 씨는 삼 남매인데 1981년생인 남동생을 낳기 위해 부모가 벌금 낸 이야기를 들려주었다.

"남동생은 벌금 내고 낳았죠. 80년대부터 본격적으로 자녀제한을 했는데, 할아버지, 할머니가 손자를 기다리고, 그때도 남자 아이를 낳아야 한다는 그런 게 있었거든요. 아마 그때 교사인 아버지 월급이 한 달에 15위안이었는데, 그 두 배를 벌금으로 내고 진급을 못하게 했죠. 어머니가 임신하고 발각될까 봐 그렇게 마음이 불안했대요."

부모의 남아선호에 대한 기억과 섭섭함은 전 세대에 걸쳐 드러난다. 60대 황연숙 씨는 오빠의 학업을 위해 여성인 자신이 공부를 포기했다고 토로한다. 60대 정경순 씨도 아버지가 여자는 제 이름자만 알면 된다고 공부를 시키지 않았다고 한다. 30대 장춘희 씨는 자신이 첫째인데, 엄마가 딸을 낳았다고 스트레스를 많이 받았다고 한다. 장 씨는 어린 시절 남동생에 비해 차별 받는다고 느꼈다하고 30대 김영화 씨는 엄마가 딸인 자신보다 남동생을 훨씬 더 좋아했다고 엄마에 대한 섭섭함을 털어놓았다. 20대 최숙연 씨는 아빠가 대를 잇는 것 때문에 무조건 아들을 좋아했다고 한다.

"오빠들 셋이 다 중학교, 고등학교 가 있지, 집이 시골이니까 다 숙소를 붙이고 돈이 엄청 들어요. 그때만 해도 아들은 가르쳐야 한다, 딸은 글만 보면 된다 했지요. 내가 조선족 중학교 시험에 붙었는데 숙소 붙이고 하면 돈이 드니 학교를 보내 주지 않았다. 이틀을 울었더니 집에서 다닐 수 있는 중국학교로 가라고 했다. 중국 학교를 다니는데 (중국)말을 모르니 수학은 따라가겠는데 어문은 영 안 되고. 2년 다니고 1년 더 다니면 졸업인데, 엄마가 금년에는 양식 값이라도 벌자고 해서 엄마랑 집에서 가마니를 짜느라 졸업을 못했다."

40대 최명희 씨는 산업연수생으로 스물다섯에 한국에 왔고, 일하느라 결혼이 늦어져 서른둘에 결혼했다. 40대 손화경 씨는 스물한 살, 이영래 씨는 스물다섯 살, 이향숙씨는 스물아홉 살에 결혼했다. 40대 여성 네 명 모두 한국에서 자녀를 낳았다. 한국인과 결혼한 이향숙 씨만 자녀가 두 명이고, 나머지 세 여성은 한 명의 자녀를 두었다. 둘째를 낳아 키우고 싶어도 한국 국적자가 아니라 어린이집 비용을 지원 받지 못하고, 양육비가 많이 들어 낳을 엄두를 내지 못한다. 30대 여성 두 사람은 각각 스물넷에 결혼하여, 한 명의 자녀를 두었다. 한국에서 자녀를 낳고 키우는데, 이들 역시 둘째 자녀를 원하지만 경제적 부담으로 포기했다.

> "아들이 동생 하나 만들어 달라고 조르기도 하고, 너무 외로워하는 것 같으니, 저도 둘째를 낳고 싶어요. 귀화를 못해 어린이집 지원을 못 받으니 부담이 많이 되지요. 귀화한 다음에 둘째를 생각하는데, 그때 나이가……. 낳고 싶은데 형편이 안되니……."

> "둘째 애가 생겼는데 진짜 울면서 지웠어요. 신랑이 그때 일만 했어도 낳았을 텐데……."

04

문화대혁명기 고난의 기억

50대 후반, 60대 중국동포 여성은 1960년대 중반에 시작되어 약 10년간 계속된 중국의 문화대혁명기에 10대를 보냈다. 이 세대는 청소년기를 문화대혁명과 학업의 아쉬움, 가족의 고난, 농사일 돕기 등으로 기억한다. 중국동포 2세대인 이들은 부모로부터 일제강점기 때 한반도에서 만주로 이주한 윗 세대의 경험, 공산당과 국민당 간 국공내전에 얽힌 이야기, 한반도 이야기 등을 듣고 자랐다. 문화대혁명기에 조선족 중학교를 다녔다는 60대 조현순 씨는 옌볜조선족자치주 고위 간부였던 삼촌들의 몰락을 통해 고단한 가족사를 기억했고, 학업에 대한 아쉬움을 토로했다. 60대 정경순 씨는 문화대혁명기에 조선족이 차별받았다고 말한다.

"조선족이 아무리 잘해도 군 대가리(군 총책임자)를 안 시켜요. 무슨 특무로 몰릴 원인도 없는데, 삼촌 둘 다 문화대혁명 때 조선 특무로 몰려 감옥에 들어가 있었어요. 그래서 그 고생을 무지무지 했지[14]. 우리 친척들 다 그저 눌리었죠, 높은데 못 올라가지요. 그때 우리는 홍위병 모자를 쓰고 학교를 나왔어요. 내 머리태가 길었는데 뭉청 베어 버렸어요. 베지 않으면 반혁명이라고 했어요. 나하고 바로 위에 오빠는 문화혁명을 거치면서 공부를 제대로 못했어요. 고등학교가고 대학 가겠다 하면 반혁명이라고 했어요. 그때는 그랬어요."

1960년생인 이용선 씨는 초등학교 들어갈 무렵 문화대혁명이 시작되어, 공부를 제대로 못했다고 한다. 1961년생인 문경숙 씨는 문화대혁명과 관련해 언니에게 들은 당시 집안 사건을 기억해 낸다.

"저는 문화대혁명 때 어렸는데, 외할아버지가 일본 특무(일본 스파이)라고 해서 너무 맞다가 참지 못하고 자살했다는 말을 큰언니로부터 들었죠. 저희들 말로는 처갓집 신분이 안 좋잖

14 1950년대 말부터 중국 정부는 조선족이 유지해 온 다중 조국관을 버리고 중국을 유일한 조국으로 받아들이도록 강요했다. 이를 민족정풍운동이라 하는데 소수민족 밀집 지역의 지방민족주의를 반대하는 운동이다. 문화대혁명기에 중국과 북한은 갈등 관계에 있었다. 그로 인해 조선족 지도자들은 조선 특무(북한 간첩)로 몰려 심문을 받았다.

아요. 아버지가 정말 성실했는데 당에 늦게 들어갔고 급도 거의 나이 들어서 줬어요(승진했어요)."

30대와 40대는 부모의 고난을 통해 문화대혁명기를 기억한다. 30대 신매순 씨는 조선족 학교 교장인 아버지가 겪었던 경험을 들려주었다.

"아빠가 교장 선생님이었는데 고생하셨지요. 잘 모르지만 지식인 탄압을 많이 했다고 해요. 아버지가 학교 실험 기구나 기물을 집에 보관하셨어요. 자살을 당한 사람들도 많고, 아빠 친구들 중에도 험한 꼴 당한 사람도 많다고 하는데, 아버지는 그나마 잘 버텨 내셔서 목숨을 부지하셨다고."

30대 김영화 씨는 외할아버지가 부농이었는데, 그 때문에 어머니가 문화대혁명기에 너무 힘들게 살았다는 이야기를 들었다. 문화대혁명이 끝난 1975년에 태어난 40대 이영래 씨는 문화대혁명기와 족보에 대해 말한다.

"한국은 족보를 잘 보전했더라고요. 우리는 문화대혁명 때 다 태워버렸거든요. 낡은 사상이라고 들어서 그것에 대해 아쉽다는 생각도 없었고, 잘했다고 생각했는데, 한국에 오니 본이 뭔가 하고 물어보니까, 그제서야 부모님에게 물어보고, 어렸을 적에 할아버지가 전주 이 씨라고 했던 그것만 기억나요. 문화대혁명 때 조선 간첩, 미국 간첩, 러시아 간첩하면서 해외에 끈이 있는 것은 다 의심을 받았지요. 그러니 한반도 조상에 대해서 굳이 조선족 부모들이 득이 안 되니 아이들에게 가르치지도 않는 거죠."

05

타지로 일하러 간 부모 조부모와 보낸 청소년기

부모가 한국으로 일하러 가서 부모와 떨어져 지내는 조선족 청소년 이야기가 2000년대 들어 자주 거론되었다. 조선족 아이들의 글을 담은 『엄마가 한국으로 떠났어요』에는 이런 상황이 잘 담겨 있다[15]. 부모가 한국이 아닌 중국 내 다른 지역으로 일하러 가서 조부모와 사는 조선족 청소년들도 있다. 또는 조선족 학교를 다니기 위해 중학교부터 집을 떠나기도 한다. 20~30대 여성 중 중국 학교를 다닌 한 명 외에는 다섯 명 모두 조선족 학교를 다녀 중학생부터 기숙사 생활을 했다. 늦어도 고등학교를 마치면 집을 떠나 독립적으로 생활했다. 50대 이용선 씨는 혼자 상하이와 칭다오에 나가 일하느라 어린 아들 둘이 할머니,

15 길림신문·인천문화재단 엮음, 2012, 『엄마가 한국으로 떠났어요』, 보리.

외할머니, 고모 집을 돌아다니면서 컸다고 한다. 그래서인지 아이들이 빨리 철이 든 것 같다고 마음 아파했다.

20대 허선 씨는 10대 시절 본인과 사촌, 친구들의 부모 혹은 조부모 관계에 대해 말하면서 이 이야기는 자신만의 이야기가 아니라 한 세대의 이야기라고 말한다. 그는 초등학교 시절 어머니가 먼저 한국으로 갔고, 아버지가 3년 후 갔다. 초등학교 6학년 때 따로 떨어져 살던 부모가 이혼했고, 이후 중국에서 조부모와 지냈다. 20대 최숙연 씨는 부모가 옌볜으로 먼저 이사 가서, 초등학교까지 헤이룽장성에서 조부모와 살았다. 옌볜에서 조선족 고등학교를 다닌 그는 당시 친구 중에 부모가 한국으로 간 아이들이 많았고, 그 친구들이 돈을 잘 썼다고 기억한다. 20대 박선미 씨도 부모가 멀리 떨어진 산에서 임업 일을 했기 때문에 외조부모 집에서 자랐다.

> "엄마는 저한테 항상 미안해했고, 재혼을 하셔서 더 미안해했고, 아직까지도 미안해해요. 미안해서인지 중학교 때 돈을 많이 줬어요. 그때는 엄마가 한국에 간 게 좋았어요, 돈을 주니까. 그걸로 파마하고 돈 있으니 나가 놀 수 있고, 밤늦게 놀아도 택시 타고 집에 가도 되니까……. 그런데 저 말고도 친구들도 다 그랬어요. 부모님들이 미안해하면서 돈을 줬어요. 우리 고모는 더 심했어요. (고종)오빠에게 돈을 많이 줬는데, 그 돈으로 클럽을 거의 단골로 다니고 친구 잘못 사귀고 공부를 안

했어요. 조선족 친구 중 중학교 때부터 학교를 안 다니는 애들이 많았고……. 저처럼 집에 할머니, 할아버지가 있는 친구들은 심하게 놀아도 고등학교는 갔어요. 저는 조선족 친구도 있고 한족 친구도 있는데 조선족 친구들이 고등학교 다니면서 한족 애들보다 훨씬 독립적이고 성숙한 마인드를 가져요. 우리 옆에 아무도 없었으니까 독립적이 될 수밖에 없는 거지요."

30대 장춘희 씨는 집에서 멀리 떨어진 조선족 학교를 다니기 위해 중학교부터 대학까지 기숙사 생활을 했다. 중학생 때 아버지는 한국으로, 어머니는 선양瀋陽으로 일하러 갔다. 30대 신매순 씨는 중학교까지 부모와 살았다. 조선족 고등학교로 진학하면서 학교가 집과 멀어 기숙사 생활을 했고, 이후에도 부모와 떨어져 지냈다. 집에서 조선족 고등학교를 다닌 30대 김영화 씨는 고등학교를 졸업하자마자 한국으로 오면서 부모와 쭉 떨어져 지냈다. 50대 김연자 씨는 30대 후반에 초등학생 딸을 친정어머니에게 맡기고 한국으로 일하러 왔다. 딸은 중국에서 대학을 졸업한 후 서울로 와서 함께 지내고 있다.

부모의 한국행과 중국 내 경제활동 기회 확대로 20~30대 중국동포 여성은 대학 진학을 원하면 부모로부터 경제적 지원을 대부분 받을 수 있었다. 50대 여성은 자녀의 대학 학비를 대기 위해 한국으로 왔고, 20대와 30대는 부모의 한국행으로 대학을 다닐 수 있었다고 말한다.

2016년 서울서베이 외국인조사에 의하면 서울 거주 한국계 중국인 여성 중 20대는 전문대 포함 대학 졸업 이상 학력자가 75퍼센트이다. 인터뷰 참가자 20~30대 여성 중 한 명을 제외한 여섯 명이 대학 이상 학력자이다. 대학에 가지 않은 30대 김영화 씨도 경제적 어려움으로 대학을 가지 않은 것은 아니다.

06

일자리 기회의 제한과 확장

중국동포 여성들이 중국에서 어떤 경제활동을 했는가는 연령과 학력에 따라 다르다. 이는 중국 사회주의 계획경제의 시대별 변화를 반영하는 것이기도 하다. 1960년대 말, 또는 1970년대 초에 경제활동을 시작한 60대 여성의 일자리 이야기에는 중국의 호구제가 등장한다. 이는 당시 중국의 호구제가 개인의 일자리 선택을 엄격하게 규정했기 때문이다[16]. 60대 여성은 중·고등학교를 졸업하고 결혼 전까지 부모를 도와 농사일을 거들었

16 중국은 1958년 인구등록제도인 호구제를 실시했다. 출생지에서 발급되는 호구는 농업호구와 비농업호구로 구분되었다. 농업호구는 인민공사에 속한 농민으로 주로 농업에 종사하고, 비농업호구는 공유제 조직의 노동자로 일했다. 호구를 바꾸기 위해서는 공식 승인을 받아야 하는데, 거의 불가능했다. 1978년까지 호구제가 엄격하게 작동하여 지역 간 인구이동이 일어나지 않았고, 취업도 통제되었다(이민자, 2007, 『중국 호구 제도와 인구이동』, 폴리테이아.).

다. 이들은 농업호구가 아니었으나 살고 있는 곳에서 직장을 찾기 어렵고, 국유기업에 들어갈 학력 수준이 아니었다.

60대 정경순 씨는 조선족 중학교를 1964년에 졸업했는데, 문화대혁명이 터져 고등학교 진학은 못한 채 일자리를 찾아야 했다. 정 씨는 공인호구였지만, 살고 있는 지역이 농촌이라 직장을 얻을 수 없었다. 국유기업 직원으로 들어가기에는 학력이 부족했다. 농인호구를 신청했으나 얻지 못했고, 농인호구에 겨우 들어가 결혼 전 10년 동안 농사일을 했다[17]. 군인과 결혼한 정 씨는 결혼 후에도 두부 장사, 돼지 키우기, 백화점과 식당에서 일했다. 정씨와 남편은 공인호구였기 때문에 백화점에서 일을 할 수 있었다. 정씨의 딸은 직업고등학교를 졸업하자마자 취업 우선권을 부여 받아 부모가 일하던 백화점의 직원이 되었다.

"우리는 공인호구라서 농촌에서 받아주지 않는다. 그런데 공인호구가 농촌에서 무슨 직업을 얻을 수 있어요? 그래서 농인호구를 얻으려고 신청했는데 안 받아줘요. 하여간 애를 써서 1년 동안 고생하다 농호에 들어가서 농사질을 하는데, 스물여덟까지 했다. 우리 딸은 직업고중(실업고등학교)에 다녔다. 직업고중 졸업하면 엄마, 아버지 다닌 곳(직장)에 먼저 안배(배

17 공인호구는 비농업호구로 국유기업 노동자로 일할 수 있음. 농인호구는 인민공사에 속해 농민으로 일함.

치)하는 그런 게 있는데, 우리가 백화(점)에서 일했기 때문에 딸이 백화(점)에 바로 들어가 직업을 해결했다[18]."

60대 황연숙 씨는 중학교 졸업장이 없어 공인(노동자) 모집에 선발되지 못하고, 결혼 전까지 부모의 농사일을 거들었다. 황 씨는 국유기업에서 일하는 남성과 결혼하여 하얼빈 시내로 나가 살았고, 콩나물 장사를 했다.

"공인모집이 나왔는데 내가 제일 먼저 (사는 동네에서) 추천을 받았다. 공인모집은 중국 본토박이들 하고 경쟁해야 된다. 나는 중국 중학교를 2년 다녔으니 중국말을 잘했다. 그러니까 (동네에서) 그 집 딸 가면 되겠네, 이래 갖고 제가 추천이 된 거지요. 추천 돼서 직접 현진[19]에 가서 신청했는데, 졸업장을 내라고 하는데, 내가 졸업장이 없지. 그래서 공인으로 못 나가고 그냥 시골에서 일한 거지요."

50대 문경숙 씨는 1984년 대학 졸업 후 부모가 일하는 직장에 들어갔다. 이는 호구제의 대물림을 보여 주는 사례이다. 문 씨는 1992년 봉급이 낮은 신문사를 그만두고 재무자격증을

18 호구제도에 근거하여 국유기업은 식원 사녀를 우선적으로 채용하는 관례가 있음.
19 중국 행정구역의 하나로 우리나라의 군청 단위로 볼 수 있음.

따서 무역회사에서 2년 반 동안 일했다. 1996년에는 노무 수출회사에 들어가 3년간 근무했다. 이후 개인사업으로 식당과 커피점을 운영하기도 했다. 개인사업을 접고 2002년부터 방송국에서 8년간 피디로 일하다가 2010년 말경 한국으로 왔다.

> "아버지 어머니가 당을 대변하는 언론 매체 신문사에서 평생 일했다. 큰언니가 아버지 밑에서 일하고 있었는데, 저도 대학 졸업하고 부모님이 일하고 있는 신문사에서 일했다. 그때는 당에서 시키는 대로 갔다. 아버지가 높은 자리에 있으니 자식들을 엄하게 대했다. 나는 글도 쓰고 마음대로 발표하고 싶었는데 그걸 못했다. 받는 돈도 매우 적었다. 결혼하고 애는 커가고 돈 쓸 일은 많고 해서, 아버지가 말렸지만 신문사를 때려 치고 나왔다."

중국에 진출한 한국 기업은 여러 가지 방식으로 조선족 여성의 일자리 기회 확대에 영향을 미친다. 한국기업 입장에서는 의사소통이 가능한 조선족과 일하는 게 도움이 된다. 조선족 여성 입장에서도 일자리 찾는 게 용이하고 임금 수준도 상대적으로 높기에 한국기업을 선호한다.

조선족 여성이 한국 회사와 관련하여 일하는 방식은 다양하다. 첫 번째는 중국 진출 한국 기업에 직원으로 고용되어 일하는 것이다. 30대 신매순 씨는 베이징에 있는 대학의 건축학

과를 졸업하고, 2003년 한국 건설회사 베이징 지사에 취업했다. 2006년 한국으로 유학 오기 전까지 3년간 근무했다. 20대 최숙연 씨는 대학 졸업을 앞둔 2010년, 푸젠에 있는 한국 기업에 취직했다. 한국에서 일하고 싶었으나 회사에서 한국 파견이 안 된다고 하여, 다니던 회사를 그만두고 2011년 한국으로 왔다. 60대 황연숙 씨의 딸은 중국에서 고등학교를 졸업하고 취업하기가 힘들었는데, 한국어를 배워서 칭다오의 한국 회사에 들어갔다.

"우리 딸이 고등학교만 졸업했으니 직장 구하기가 힘들잖아요. 내가 집에서 조선말해서 듣기는 해도, 중국 학교 다녔으니 조선말을 못하지요. 딸이 직장이 없는데 조선말을 공부하겠다고 하더니 열심히 해요. 조선글을 어느 정도 익혀가지고 청도로 가서 가죽옷 만드는 큰 한국 회사에서 통역하면서 한국으로 시집오기 전까지 7년 정도 일했어요. 우리 사는 동네에서는 직장을 구할 수 없으니 할 수 없이 멀리 청도로 간 거지요."

두 번째는 중국 주재 한국인 가정에서 일하는 것이다. 50대 이용선 씨는 1997년부터 약 6년간 상하이와 칭다오의 한국인 가정에서 일했다. 이 씨는 1996년 한국으로 오기 위해 하고 있던 음식 장사를 정리했으나, 비자 사기를 당해 돈만 잃고 한국으로 오지 못했다. 그래서 남편과 초등학생 아이들을 옌볜에 두고 일자리를 찾아 혼자 상하이로 갔다. 상하이에서는 한국인 회사에서 주방 일을 하거나 한국인 가정의 가사 도우미 일을 했다. 상하이에서 일하다가 옌볜과 가까운 칭다오로 옮겼는데 여기서도 중국에 살고 있는 한국인 가정의 가사 도우미로 일했다. 상하이와 칭다오에서 약 6년간 일해 모은 돈과 빚을 내서 옌지 시내에 떡집을 차려 남편과 함께 떡을 만들고 파는 일을 했다. 2007년 한국으로 오면서 공장을 처분했다.

"서른여섯에 애들 떼어 놓고 상하이로 가서 한국 회사에서 밥을 한 거죠. 사장님이 월급을 더 주었어요. 애들 보고 싶어서 집으로 돌아갔는데 돈 나올 데가 없으니, 가까운 청도로 다시 들어갔지요. 청도로 먼저 들어간 우리 동네 언니가 가정부 자리 소개해 주었어요. 한국말도 되고 나는 중국말을 잘하니까 한국 집으로 그냥 도는 거죠. 일하는 집에서 중국말 안 되는 거 있으면 번역도 해주고, 그러면서 월급을 좀 더 받았지요. 애들 공부시키려고 죽기 살기로 일한 거지요."

세 번째는 사업이나 일이 있어 중국에 온 한국인에게 통역 서비스를 하는 것이다. 통역 일은 고정적이지는 않지만 이중언어가 가능한 조선족 여성에게 좋은 일자리이다. 60대 황연숙 씨는 2007년 한국에서 중국으로 돌아와 1년간 결혼소개업 통역 일을 하면서 지냈다. 한국 남성과 결혼할 여성들이 한족 여성들이므로 통역이 필요했다.

> "시골에서 사십 다 된 한국 총각들이 색시 얻으려고 많이 오는데 말이 안 통하잖아. 내가 선보는 중간에서 통역을 해주었다. 성사가 되어 한국으로 가는 여성들에게 간단한 한국말, 모음, 자음, 조선글을 집에서 가르치고 했다."

한국인 유학생들에게 중국어를 가르치기도 한다. 사범대학을 졸업한 40대 장춘희 씨는 저장浙江성에 있는 외국어 학교에서 한국 유학생의 중국어 교사를 4년간 했다.

중국동포 여성 중 고등학교나 대학을 졸업하자마자 한국으로 온 사람을 제외하고는 결혼 여부를 불문하고 중국에서 다양한 경제활동을 했다. 조선족 여성의 일자리 기회는 1960년대 이후 중국의 시대별 경제발전전략 변화에 직간접적 영향을 받았다. 일부 인터뷰에서는 중국 경제발전계획의 주요 전략인 호구제가 조선족 여성의 일자리 선택에 영향을 미쳤음을 보여준다.

1990년대 후반부터 조선족 여성의 중국 내 경제활동 이야기에는 한국 기업과 한국인 이야기가 나오기 시작한다. 1992년 한중수교 이후 한국 기업의 중국 진출 증가가 조선족 여성의 일자리 기회 확대에 다양한 방식으로 영향을 미친 것이다. 한중수교 이후 한국 관광객이 늘어나면서, 조선족 여성들이 여행 안

내원으로 일할 기회가 늘어났다. 40대 이영래 씨는 당시 한국인 대상 여행 가이드를 해서 베이징에 집을 사고 부를 축적한 중국동포를 많이 접했다고 한다.

학력 수준은 중국에서도 직업 선택에 결정적 역할을 한다. 대학을 졸업한 여성은 학교 교사, 대학교 교직원, 언론사 직원, 한국 기업의 직원으로 일한다. 반면 중학교나 고등학교 졸업한 여성은 농사를 짓거나 장사를 했다.

3장

한국으로 오다

01

한국행 문호는 조금씩 넓어졌지만

조선족 여성의 한국행에 영향을 미친 요인은 여러 가지가 있겠지만, 그중 한국 정부의 이주정책이 일차적 역할을 했다. 한국 정부는 중국에 거주하는 독립 유공자 후손 귀환 대책을 1979년에 발표했다. 이를 기점으로 조선족들이 입국하기 시작했다. 1980년대 친척방문 자격으로 들어온 조선족들이 중국에서 가져온 한약재를 팔아 돈을 벌면서 1980년대 말 서울역과 덕수궁 주변에 한약재를 파는 중국동포의 행렬이 늘어섰다. 이 풍경은 우리 사회가 중국동포를 처음으로 인식하고 기억하는 장면 중 하나이다.

1990년대에는 한국에 연고가 없는 조선족도 입국할 수 있는 제도가 만들어졌다. 국내 제조업체의 인력난을 해소하기 위해 외국인산업연수생 제도가 1991년 도입되었고, 이듬해인 1992년 한중수교가 이루어지면서 조선족들이 경제활동을 목적으로 대거 들어오기 시작했다. 1999년 재외동포법이 제정되었으나 재외동포에 조선족은 제외되었다. 2004년 법 개정이 되면서 조선족도 재외동포에 속하게 되었다. 조선족의 취업 문호를 넓히는 방문취업제는 2007년에 도입되었다.

조선족 여성은 대학 졸업자가 아닌 이상 중국에서 일자리를 찾기 힘들고, 대학을 졸업하여 교사나 전문직에 종사해도 월급 수준이 낮았다. 한국으로 간 친척이나 이웃들이 돈을 벌어 집도 장만하고 자녀를 대학 보낸다는 이야기가 퍼지면서 그들은 한국행을 택했다. 그러나 한국으로 오려면 복잡한 절차와 고액의 수속 경비를 들여야 했기에 방문취업제가 도입되기 전인 2007년 이전에는 자원을 동원할 수 있는 사람만이 한국에 올 수 있었다. 한국에 미리 정착한 친척이 있다면 한국행을 선택하는 데 더 용이했다.

02

돈 쓰고 들어온 한국 불법체류와 재입국

산업연수생 자격으로 1996년에 입국한 40대 최명희 씨와 손화경 씨는 인터뷰 참가자 중 한국에 가장 먼저 왔다. 30대 김영화 씨는 1999년에 상무 비자를 받아 한국으로 왔다. 40대 최 씨는 스물다섯, 손 씨는 스물여섯, 30대 김 씨는 열아홉에 한국으로 왔다. 한국으로 오기 전 최 씨와 손 씨는 부모의 농사일을 거들었다. 김 씨는 고등학교 졸업 직후, 대학 진학 대신 한국행을 택했다. 10대와 20대 젊은 나이에 1990년대 후반 한국으로 온 이들 세 명의 여성은 한국행을 위해 중개인(브로커)에게 수수료 명목으로 많은 돈을 냈다.

50대 이용선 씨는 1996년 한국으로 오기 위해 당시 한국 돈 3백만 원을 브로커에게 주었으나, 사기를 당해 한국에 오지 못했다. 이후 10년이 지난 2007년에는 방문취업 비자로 와서 별도의 비용이 들지는 않았다. 50대 김연자 씨는 2002년 한국행 준비를 하면서 브로커에게 여권 사기를 당했기 때문에 다른 사람 이름(위조 여권)으로 한국에 들어왔다. 1990년대 후반과 2000년대 초반 한국에 온 중국동포 여성들은 합법이든 불법이든 한국행을 위한 서류 작성에 상당한 비용을 투자해야 했다.

40대 최명희 씨는 1996년 당시 한국 돈으로 약 천만 원의 알선료를 내고 산업연수생으로 한국에 왔다. 그는 한국행을 위해 진 빚을 갚기 위해 비자 기한을 넘겨 체류할 수밖에 없었던 당시 상황을 이야기했다.

> "(한국에) 돈 벌려고 오는 것도 있지만 돈이 없으니까 오는 거잖아요. 돈이 없으니 꿔서 오는 거지요. 한국에 오려고 중국 돈으로 6만 원, 한국 돈으로 약 천만 원 정도 쓰고 나왔어요. 제 기억으로 96년에 기본급이 36만 원, 38만 원이었는데, 토요일, 일요일도 일해서 최고로 받은 달이 76만 원, 77만 원 정도였다. IMF 터지고 잔업이 없어지면서 받는 돈도 적어지고…… (산업연수생) 2년을 계약하고 왔는데 한국에 오려고 투자한 돈을 2년 동안 벌어도 못 갚는다. 그래서 돈을 더 많이 벌기 위해 사람들이 회사를 이탈했다. 당시 식당은 100만 원, 120만 원 줬으니까…… 식당에서 먹고 자고……. 나는 한국 올 때 빚진 돈을 4년 만에 갚았다. 비자 2년 만기가 되었지만 돈을 더 벌어야 해서 중국으로 안 가고 불법 된 상태에서 일을 계속 했다."

최 씨는 산업연수생 2년 계약기간을 마치고, 4년 동안 동대문시장에서 중국인 고객을 대상으로 통역 등의 일을 하면서 100만 원 가량 받았다. 서른두 살에 중국동포와 결혼했는데, 남편도 당시 불법체류 중이었다. 서울에서 2003년 아들을 낳았지만 남편이 2006년 국적을 취득하기까지 4년 동안 아이를 호적에 올리지 못했다. 최 씨는 중국동포인 남편이 한국 국적을 취득하자, 중국으로 돌아가서 결혼 비자를 받아 2008년 한국으로 돌아왔다. 불법체류 상태에 있던 최 씨 부부는 남편이 한국 국적을 취득하면서 이곳에서 안정된 생활이 가능하게 되었다.

"2006년도 노무현 대통령 시절에 일찍 (한국) 온 사람들을 위해 한번 귀화를 시켜줬어요. 신랑이 그 기회에 귀화해서 국적을 따서 혼인신고를 했지요."

40대 손화경 씨는 스물여섯 살이었던 1996년 12월, 산업연수생으로 한국에 왔다. 손 씨는 중국인 여권으로 위조해서 왔는데, 그 이유를 다음과 같이 말했다.

"그때 당시 조선족들이 자꾸 회사에서 나와 도망을 간대요. 그래서 중국 사람들만 모집을 한다는 거요. 그래서 중국 사람 이름으로 바꾸어서 나왔어요. 그때는 그렇게 했어요. 지금 생각하면 왜 그렇게 나왔나 하는 생각이 들어요. 돈을 많이 쓰고 나왔지요. (한국) 회사에서 일주일 일하다 월급도 그렇고 하니까 도망 나온 거죠."

손 씨의 남편은 산업연수생으로 1991년 한국에 왔다가 2년 계약기간이 끝나서 중국으로 돌아갔다. 중국에서 1년을 보낸 손 씨 남편은 한국으로 오고 싶었으나 비자를 받을 수 없어 1994년 밀입국하여 한국에 다시 왔다. 손 씨는 한국에 있는 남편을 만나 불법체류 상태에서 함께 지냈다. 남편은 2009년 길에서 불법체류자로 잡혀 중국으로 추방당했지만 중국동포 체류정책이 그나마 완화되어, 2010년 단기 비자를 받아 한국으로 왔다. 손 씨의 친정어머니와 시부모는 한국에 친척이 있어 2006년 한국 국적을 취득했다. 손 씨 부부는 현재 동반 비자F-1로 체류하고 있다. 2013년부터 국적 신청을 했으나 아직까지 심사 중에 있다. 손 씨와 비슷한 상황이던 최명희 씨는 남편이 한국 국적을 취득하면서 취업도 하고 집도 사며 생활이 안정된 반면, 손 씨 부부는 체류 자격이 불안정하여 아이 양육과 경제적으로 어려움을 겪고 있다.

"F-1 비자로 일을 못하잖아요. 그런데 일 안 하면 뭘 먹고 살아요. 애 공부도 시켜야지, 엄마도 모셔야지, 일당 받는 식당 일밖에 못하지요. 여기서 귀화 신청 서류 만드는 데 돈 천만 원이 들어갔어요. 2003년도에 여기서 낳은 아들이 중학생인데, 외국인으로 되어 있어 학교 보내기도 힘들었죠."

1999년에 한국에 온 30대 김영화 씨는 입국 당시 열아홉 살이었다. 그는 조선족 고등학교 졸업 후 대학 시험을 보지 않고 한국으로 왔다. 보름 정도 체류할 수 있는 상무 비자를 받아 한국에 와서 불법체류로 일했다.

"한국 사람이 운영하는 백화점 직원으로 서류를 작성해 주어서, 거기 직원은 아니었죠. 돈 천만 원을 주고서 보름 정도 상무 비자로 한국에 왔지요. 저는 그때 어려서 아무것도 몰랐고 부모님이 다 해주어서……. 아버지가 대학도 못 갔으니 이제 너가 벌어서 시집가라고 하면서 다 해주더라고요. 그래서 너무 좋았어요. 그때 다들 한국에 나오려고 했는데 나오기 힘들었거든요. 외숙모하고 같이 한국에 나왔어요. 사촌언니가 한국에 먼저 나와 있어서 식당 일자리를 구해 주었고, 식당에서 먹고 자고 하면서 돈 쓸데가 없었어요. 불법이라 무서워서 밖에도 못 돌아다녔으니…… 1년 만에 제가 천만 원을 다 갚았어요."

김 씨는 한국에 온 지 4년이 지난 2003년 11월에 불법체류 자진신고를 하고 부모님이 있는 중국에 갔다가 보름 만에 한국으로 돌아왔다. 당시 중국동포 체류정책이 완화되어 불법체류 자진신고를 하고 중국에 들어가면, 한국에 오고 싶은 날짜에 합법적으로 다시 들어올 수 있도록 비자를 주었다고 한다.

"그렇게 가고 싶었던 중국인데, 가니까 못 살겠더라고요. 한국이 좋더라고요. (서울에서) 일했던 식당에서는 연말이라 바쁜데 늦게 오면 사람 구한다고 해서, 보름 만에 왔어요. H-2 비자로 온 것 같아요. 합법으로 왔지요. 그 이듬해 7월인가 8월까지 비자 연장을 해주었어요."

김 씨는 2004년 8월경 비자가 만기되자, 식당에서 함께 일했던 한국 남성과 혼인신고를 했고, 2006년에 결혼식을 올렸다. 당시 상황을 들어 보자.

"지금 생각하면 내가 합법으로 있어야 되겠다, 이런 생각밖에 안 했던 것 같아요. 내가 이제 불법이 되는데 나 좋으면 결혼 비자 서류상으로 해주면 안 되겠느냐고 그랬더니 신랑이 아무 생각 없이 해 준다고 하더군요. 우리 부모님은 왜 한국 사람하고 결혼하느냐고 하면서 서류를 안 보내 주더라구요. 내가 좋아서 하는 거라고 하니 서류 보내 주어서 결혼 수속 했지요."

본인은 아니더라도 부모와 친척이 불법체류자로 한국에 있었던 사연 한 가지씩은 가지고 있다. 20대 허선 씨의 부모님 사연이다.

"엄마가 한국에 2000년 말쯤에 먼저 나왔는데 다른 사람 이름을 빌려 나와서 불법으로 있었는데 엄마가 지하철을 못 탔대요. 버스는 단속하는 사람이 없는데 지하철은 가끔 단속해서, 집중 단속할 때 그 시간에는 택시를 탔어요. 동포라고 눈에 딱 띄니까. 아빠는 2007년 무렵 불법으로 나와 3년을 일하다 5년쯤 전에 자진신고하고 중국으로 돌아가서 2015년이 되어서야 한국에 다시 올 수 있었어요. 엄마도 자진신고해서 중국으로 다시 돌아갔고 지금 중국에 있는데 1년 지나 한국으로 올 수 있다고 해요."

30대 장춘희 씨 아버지의 사연을 들어보자.

"아빠가 97년도에 머리 바꾸어서 불법으로 나온 거죠. 한국에서 한 5년 동안 일했어요. 자진신고했는데 아빠 이름으로 한 게 아니라 이름 빌린 사람 이름으로 자진신고를 하고 들어간 거예요. 그리고 동포방문 비자를 받아 한국으로 두어 번 왔다 갔다 했지요. 그거는 3개월에 갔다 왔다 해야 되요. 그런데 2년 전 나갈 때 다른 사람 이름으로 자진신고한 게 갑자기 문제가 되었어요. 입국규제가 돼서 한국에 못 들어오는 거에요. 2년 되면 규제가 풀린다고 했는데, 지금은 5년까지라고 하대요."

50대 이용선 씨는 1996년 한국행을 위해 수속을 밟다가 브로커에 사기를 당해 돈을 날리고, 10년 후인 2007년 말 방문취업 비자로 한국에 왔다. 그 뒤 2010년 중국으로 돌아가서 한 달 있다가 다시 방문취업 비자로 한국에 재입국했다. 이 씨의 이야기를 들어보자.

"H-2는 3년 되면 무조건 집에 갔다 와야 해요. 중국 가서 한 달 쉬고 왔어요. H-2는 5년 비자니까 그대로 갖고 나오죠. 그때 지방에 있는 공장에서 1년 일하면 장기로 있을 수 있는 F-4를 준다고 했어요. 그래서 충북에 있는 가구 회사에서 1년간 일했어요."

50대 김연자 씨는 2002년 한국행 수속을 하다가 여권 사기를 당해 다른 사람 이름을 빌려 한국으로 왔다. 김 씨는 한국에서 5년 정도 일하고 중국으로 돌아갔다가, 한국에 시집온 언니의 초청으로 다시 한국에 들어왔다. 그 뒤 2014년 자진신고를 하고 중국으로 잠시 돌아간 뒤 8개월 후에 방문취업 비자로 한국에 왔다. 가정집에서 육아 도우미 일을 1년 하고, 재외동포 비자를 얻었다.

40대 이영래 씨는 조선족의 한국행을 2007년 이전과 이후로 구분하고 있다. 2007년 이전에는 불법으로 들어온 사람이 많았으나, 2007년 이후에는 대부분 합법으로 들어온다고 했다.

2007년 이후 55세까지 방문취업 비자를 받을 수 있게 되었고, 60세 이상은 재외동포 비자를 받을 수 있기 때문이다.

구로구에서 직접 중국동포를 지원하는 박태훈(가명) 목사는 불법체류자가 많이 줄었다고 하나, 자진신고를 하지 않고 불법으로 머무는 중국동포들이 아직 있다고 한다.

03

친척방문 한국행 국적 취득까지

조선족 2세대인 60대 황연숙 씨는 한국에 친척이 있어 일흔한 살 되던 2001년 친척방문 비자로 한국에 왔다. 40대 손화경 씨의 친정 부모와 시부모, 40대 서민선 씨의 친정 부모도 친척방문 비자로 한국에 와서 한국 국적을 취득했다. 이들은 영덕, 울산, 대구, 안동, 창녕 등 경상도 지역에 연고가 있다.

> "한국에 오니 나하고 동갑인 이모가 있어요. 우리 엄마가 맏이였대요. 여동생도 시댁이 한국에 친척이 있어서 초청을 받아 두 내외가 일찍(1990년대 초) 한국에 왔어요. 그때는 일도 할 줄 모르고 그저 (한국) 올 때 약 가지고 오고, (한국에서) 친척들하고 놀다가 (중국과 한국) 왔다 갔다 했지요."

황 씨는 한국에 체류하는 15년 동안 비자 만료가 되면 중국으로 갔다가 비자를 갱신하고 한국으로 다시 오는 생활을 반복하다가 2015년 국적을 취득했다. 황 씨는 국적 취득 과정에서의 어려움을 다음과 같이 토로했다.

"이모나 외삼촌 인감도장 해야지, DNA도 검사해서 일치해야지, 구청도 가고 병원에 가야되는데…… 엄청 복잡해요. 한국분들 살기 바쁜데 그거 귀찮게 생각하잖아요. 저는 (귀화)시험은 단번에 붙었어요. 여자 형제 세 명 다 한국에 사는데 저만 혼자 여기서 호적 올렸어요. 여동생들도 여기서 호적 올리고 싶어 하지요."

황 씨는 한국에 있는 외삼촌이 협조하여 국적 취득에 성공했으나, 30대 장춘희 씨는 친척 협조를 받는 것이 여의치 않아 국적 취득을 하지 못하고 있다.

"신랑은 삼촌이 부산에 계셨는데, 삼촌이 돌아가시고 나니 자식들이 만나주지 않는대요. 그래서 뭐 어떻게 하려고 해도 못하는 거지요. 신랑이 연고가 있는 대구 쪽으로 여러 번 갔어요. 거기 가니까 신랑이 식자 돌림인데, 어떤 할아버지가 아재라고 하더래요."

04

한국인과 결혼하여 한국으로

한국 남성과 결혼한 여성은 30대 김영화 씨, 40대 이향숙 씨, 50대 김미순 씨이다. 이향숙 씨와 김미순 씨는 한국인과 결혼 후 처음으로 한국에 입국했다. 김영화 씨는 한국에서 일하는 도중 체류 기한 만기가 다가오자, 한국인과 급하게 결혼했다. 이향숙 씨는 중국에 사업차 왔던 남편의 통역을 도와준 인연으로 스물아홉 되던 2000년에 결혼하여 한국으로 왔다. 이 씨의 언니도 한국인과 1993년에 결혼하여 한국으로 왔다. 김미순 씨는 결혼이주자로 재혼을 위해 2003년 한국에 왔다. 40대 최명희 씨는 결혼이주로 한국에 재입국했다. 부부가 불법체류 상태에서 살다가 중국동포인 남편이 한국 국적을 취득하면서, 최 씨가 결혼이주자로 재입국한 것이다. 인터뷰 참가자 이야기에는 결혼이주를 한 고모, 이모, 사촌들이 등장한다. 결혼이주자를 매개로 가족들이 한국으로 오기도 한다.

결혼이주자는 한국 국적을 취득하여 중국에 있는 가족을 초청할 수 있기에, 그 가족들이 한국으로 오는 데 수월한 점이 있다. 30대 장춘희 씨는 시누이가 1990년대에 한국으로 결혼이주했고, 시댁 식구들이 친척방문 비자로 한국에 수월하게 입국할 수 있었다고 한다. 한국에서 안정적으로 체류하기 위해 때로는 한국인과 위장결혼을 하거나 고려하기도 한다. 중국에서 남편과 이혼한 50대 김연자 씨는 2003년 한국에 왔다. 브로커에게 여권 사기를 당하는 바람에 위조 여권으로 한국에 들어왔다. 한국에 먼저 정착한 김 씨 언니는 김 씨에게 영주권을 받기 위해 한국 남성에게 돈 주고 위장결혼 하라고 권유했다. 김 씨 언니는 한국인과 위장결혼을 했다.

> "제가 H-2였으니, 중국에도 한 번씩 갔다 와야 했는데, 그동안 일도 못하고, 차비도 너무 아깝고 하니, 우리 언니가 돈 좀 주고 (한국남자와) 결혼하라고 했어요. 그 말 듣고서 몇 번 만났는데 만날 때마다 돈 들고, 돈도 떼먹으려고 하지…… 언니 말 들은 것 자체가 틀렸다는 생각이 들어서 포기했지요."

05

학업 위한 한국행 선택 이유는 제각각

학업을 목적으로 한국에 온 중국동포 여성은 20대 허선 씨와 박선미 씨, 주화선 씨, 30대 신매순 씨와 변순화 씨, 40대 이영래 씨 여섯 명이다. 허 씨는 2014년, 박 씨는 2015년에 한국으로 왔다. 20대 여성 세 명은 서울에서 학사 혹은 석사과정 중에 있거나 대학원 진학을 준비하고 있었다. 변 씨는 중국에서 대학 졸업하고 2008년에 석사과정을 하기 위해 한국으로 왔다. 신 씨는 2006년 석사과정으로 한국에 왔고, 석사학위를 취득하고 중국으로 돌아가서 대학에서 조교수로 일하다가 2010년 박사과정을 밟기 위해 한국으로 다시 왔다. 이 씨는 교환연구원 프로그램으로 2001년 한국에 왔다. 1년간 교환연구원으로 지낸 후, 한국에서 석사과정을 시작하여 2013년 박사학위까지 받았다. 학업을 위해 한국으로 온 여섯 명 중 중국동포와 결혼한 이 씨를 제외하고는 모두 미혼이다.

이들이 학업을 목적으로 한국행을 선택한 이유는 여러 가지이다. 장학금을 받게 되어서, 입학하기가 수월해서, 가족과 사는 게 용이해서, 언어가 같아서, 한국어를 배우고 싶어서 등이다.

"한국으로 유학가고 싶어 하는 친구들도 있었어요. 고국에 가고 싶다? 좀 수월할 것 같다? 그런 마음인지……. 저는 한국에 오고 싶은 그런 생각은 없었어요. 일본이나 미국을 더 선호했지요. 그런데 장학금을 준다고 하니까 기회다 하고 왔죠."

"중국에서 대학시험에 붙었는데 학교가 마음에 안 들어서……. 1년 동안 일본 유학을 준비했는데 그게 잘 안되어서, 대학교는 너무 다니고 싶었고, 유일하게 빨리 대학 갈 수 있는 나라가 한국이어서 한국으로 유학 왔어요. 처음에 장학금을 받고 온 것은 아니고요, 입학금은 면제받았어요. 장학금으로 학비 삼분의 일을 받아요. 앞으로 일본하고 미국에서 공부를 더 하고 싶어요."

"중국에서 대학 졸업하고, 공부를 더 하고 싶어서 일본 갈까, 한국 갈까 고민하다가 한국이 좀 더 편하고 나중에 부모님도 데려올 수 있을 것 같아서 한국으로 유학 왔어요."

"제가 중국에서 대학 졸업할 당시 유학 열풍이 불었어요. 석사 공부는 다른 환경에서 하는 게 좋겠다 싶어서 거리도 가깝고 언어도 통하는 한국에 오게 되었습니다."

"조선족이니 한국어도 배우고 싶고, 한국 드라마도 좋아하고 한국에서의 생활도 좋아합니다."

06

방문취업 비자와 재외동포 비자로 수월해진 한국행

1999년 재외동포법이 제정되었는데 조선족과 구소련 지역 동포가 재외동포에서 제외되면서 사회적 논란이 있었다. 헌법재판소의 위헌판결로 2004년 재외동포법이 개정되면서 조선족과 구소련 지역 동포도 재외동포에 포함되었다.

아울러 한국으로 올 수 있는 친척 초청 범위가 확대되었다. 2007년 조선족과 구소련 지역 동포들에게 최장 4년 10개월까지 자유 왕래와 단순노무직으로 일할 수 있는 방문취업 비자가 발급되었다. 이 제도로 한국 내 호적이나 친척이 없는 무연고 동포들이 합법적으로 취업할 수 있는 길이 열렸다. 한국에 합법적으로 들어올 수 있는 통로가 넓어지면서 그동안 중국동포가 한국행을 위해 들였던 비용 부담도 거의 사라졌다.

60대 정경순 씨와 조현순 씨, 50대 이용선 씨는 방문취업 비자를 받아 돈 들이지 않고 한국에 왔다. 50대 문경숙 씨와 20대 최숙연 씨는 대학 졸업자여서 재외동포 비자를 받아 2010년과 2011년에 한국으로 왔다.

1996년부터 중국에서 한국으로 노무 수출 일을 했던 50대 문경숙 씨는 방문취업제도가 생기면서 회사가 수익을 낼 수 없게 되자 일을 접었다.

"1994년부터 한국에 사람 보내는 일, 노무 수출 일이 번성했지요. 한국 회사에서 (일하던 조선족이) 그냥 나오면 불법인데, 그때 다 불법하잖아요. 그니까 담보를 서야 되요. 공무원 두 사람으로, 혹은 자기 집조(부동산등기)를 가지고 담보를 해야 되요. 그래야 연수생으로 한국에 나올 수 있었어요. 산업연수생제도 때, 한 달에 천 명씩도 보냈어요. H-2되면서 한국으로 갈 수 있는 길이 열리면서 회사가 어려워져서 그만두었다."

60대 정경순 씨는 2007년 방문취업 비자를 받고 한국으로 올 수 있었다.

"애들 대학 졸업시키자면 한국 나와야 되는데, 나오려면 그때 돈 7만 위안(한화로 약 천만 원)이 있어야 되요. 그만한 돈이 없지요. 내 육십 한 살 먹은 해에 그게(H-2) 생겨서 돈 안 쓰고 나왔지요. 노무현 대통령이란 분은 우리 교포들에게 은인이에요."

50대 이용선 씨는 1996년 한국으로 오기 위해 수속을 밟다가 한국 돈 3백만 원을 브로커에게 사기 당해 한국행을 포기했다. 2007년 방문취업제도가 생기면서 그해 12월 한국으로 왔는데, 큰돈 쓰지 않아도 되었기 때문에 한국에 올 수 있었다고 한다.

"(한국에) 늦게 나왔지요. 한국에 나올 조건도 안 되고, 돈을 내고 나올 형편이 안 됐어요. (중국에서) 같이 일하던 분이 한국에 한 번도 못 갔는데, 이런 시험이 있으니 수속해 보자고 했어요. 돈이 안 드니까 한 번 수속해 보자 생각했지요. (한국어) 시험보고 붙었는데, 추첨이 또 되었지요. 방문취업 첫 기에 나왔어요."

4장

서울 살이

01

고된 노동과 불리한 노동시장에서 살아남기

식당 일을 시작으로 더 나은 일자리 찾기 위한 노력

중국동포 여성의 일자리로 음식점 종업원과 간병, 육아 등 돌봄 도우미 일을 떠올리게 되는 경우가 많다. 2016년 서울서베이 외국인조사에서는 서울 지역 중국동포 여성의 24퍼센트가 음식점 종업원으로 일하며, 간병 등의 돌봄 일을 하는 경우가 11퍼센트로 나타났다. 중국동포 여성의 삼분의 일 이상이 식당에서 일하거나 돌봄 일을 하고 있는 것이다. 인터뷰 참가 여성 중 식당에서 일하거나 일한 경험이 있는 여성은 60대 황연숙 씨와 조현순 씨, 50대 이용선 씨와 김연자 씨, 문경숙 씨, 40대 손화경 씨와 이영래 씨, 30대 장춘희 씨와 김영화 씨, 20대 허선 씨 등 열 명이다. 이 중 식당 종업원으로 현재까지 계속 일하고 있는 사람은 40대 손 씨와 30대 김 씨 두 명이다. 네 사람은 돌봄 일로 전환했고, 나머지 네 사람은 현재 회사원, 관광 가이드, 연구원, 학생이자 번역 일을 하고 있다.

중국동포 여성이 서울 살이 초기에 식당 종업원으로 일하는 이유는 취업 장벽이 낮고, 장시간 일하지만 상대적으로 더 많은 돈을 벌 수 있기 때문이다. 중국에서 전문 방송인으로 활동한 50대 문경숙 씨는 서울에 와서 처음에는 중국동포 신문사 직원으로 일했다. 2010년 당시 신문사에서 받는 월급으로는 생활이 어려워 식당 일을 할 수 밖에 없었다. 문 씨는 현재 홈쇼핑 회사에서 중국 전담 마케팅 직원으로 일하고 있다.

"(중국) 방송국에서 로임(월급)을 많이 받지만, 그 월급으로 아들 대학 공부시키기는 어려워요. 내가 대학 다닐 때와 달리 소수민족 정책이 없어져서 (소수민족 대학생에게) 돈 주는 게 벌써 없어졌어요. 내가 방송국에서 한창 잘 나가고 있었지만, 아들 공부시키려고 방송국 때려치우고 한국 나왔어요. 2010년 말 한국 나와서 (중국동포) 신문사에 들어갔는데 90만 원 주더군요. 이걸로 내 생활해야지, 애 학비 대기가 안 되지요. 그래서 식당 일을 했어요. 아들 대학 졸업할 때까지 4년 반 동안 식당 홀, 주방, 호텔 청소, 가정부를 했지요."

마흔여덟에 한국으로 온 50대 이용선 씨가 한국에서 처음 시작한 일 역시 식당 일이었다. 식당 일이 힘들어 그만둔 뒤에는 개인 간병 일을 했고, 요양보호사 자격증을 따서 현재는 재가 요양보호사로 일하고 있다.

"한국 와서 처음 삼계탕 집에서 일을 했는데, 힘에 부쳐서 식당 일을 못 하겠더라구요. 우연히 만난 할아버지 한분이 돈 버는 데 식당일 보다 간병인이 낫다고 협회를 소개해 주어서 식당 일 걷어치우고 간병 일을 시작했지요."

60대 조 씨는 쉰셋에 한국에 와서 숙박업소와 주유소에서 주방 일을 했고, 가정집 가사 도우미 일을 하다 현재는 교회에서 주방 일을 하고 있다.

"처음 와서 팔당 어디 펜션에서 부엌일도 하고, 청소도 하고, 손님 대접도 하고 했는데, 너무 추워서 손도 얼고 견디다 못해 나왔지요. 식당 일을 일당 받으면서 다녔는데, 한국에서 식당 일당(일) 진짜 힘들어요. 그러다가 주유소에서 사장하고 직원들 밥해주는 일을 했는데 부도나는 바람에 돈을 못 받았어요. 일당으로 가정집 일하러 다니다가 몸이 아파, 목사님 집에서 반찬 만드는 일 하고……."

서른여섯에 한국으로 온 50대 김연자 씨도 식당에서 일을 시작하여 한 곳에서 8년간 일했다. 식당 일을 그만두고 현재는 가정집에서 육아 도우미 일을 7년째 하고 있다.

"중국에서 이혼하면서 남편이 딸 키운다고 해서 집도 다 줘버렸는데, 아이를 돌보지 않아서 내가 키우는데, 여러 가지 일을 하지만 월급은 적고, 애 공부는 시켜야 하니까 한국으로 나왔지요. 한국에 먼저 온 사촌 형님이 식당에서 홀 서빙을 했는데, 식당 일자리를 소개해 주었어요. 힘들지만 교포들이 거의 하는 일이 식당 일이라고……. 하루에 열세 시간씩 일하고 한 달에 두 번 쉬고요. 1년 동안 코피가 매일 터졌어요."

쉰한 살에 한국으로 온 60대 황연숙 씨는 남동생이 운영하는 음식점에서 1년간 일하다가 가정집에 들어가 가사 도우미로 일했다. 현재는 산모 도우미 일을 하고 있다.

"우리 남동생이 구로에서 중국교포 상대로 음식점을 했어요. 거기서 한 1년 일했지요. 밥 먹으러 온 어떤 사람이 나를 유심히 봤던가 봐. 나에게 중국말을 잘하니 가정집에서 일하지 않겠느냐고 했어요. 가사 일도 하고 애들한테 중국말도 가르치고……. 그 집에서 2년 일했어요."

중국의 외국인 학교에서 중국어 교사였던 30대 장춘희 씨는 한국에서 중국어 강사를 할 생각으로 왔으나, 처음에는 식당 일을 할 수밖에 없었다. 현재는 중국어 관광통역안내사로 일한다.

"초청해서 H-2로 왔는데, 중국어 강사를 하려고 했는데 비자가 안 맞아서 안 된다고 해요. 그냥 놀 수는 없으니 식당 일을 했지요. 일 구하기가 쉽고 몸으로 때우면 되니……. 식당 일 며칠 하니까 손이 부어오르고 장난이 아니더라구요. 일반 식당에서 한 1년 일하다가 아는 언니 소개로 일본어 관광 식당 일을 했어요. 제가 일본어를 할 줄 아니까, 거기서 2년쯤 일하다가 중국어 가이드란 직업을 알게 되었어요. 맨날 갈비만 자르고 있으면 안 된다는 생각이 들어가지고, 식당 쉬는 시간에 학원 다니면서 4개월 공부해서 자격증 시험에 다행히 첫 번에 붙어서……."

40대 손화경 씨는 스물여덟에 산업연수생으로 한국에 와 회사를 이탈한 후 음식점에서 일하기 시작했다. 손 씨는 현재 동반 비자 자격으로 체류하고 있어 공식적으로 취업을 할 수 없다. 그래서 일당을 받으면서 식당에서 일하고 있다.

"처음 간 식당에서 다행히 사장님을 잘 만나서 거기서 10년 넘게 했어요. 사장님이 제가 불법인거 알고 임신하고 애 낳을 때

산부인과 의사 친구 분도 소개해 주셔서 병원비도 적게 들었고요. 애 키우면서 공휴일도 어린이날도 쉰 적이 없어요. 재개발 들어간다고 가게 닫으면서 저도 그만 두었지요. 제가 이런 비자가 아니면 4대 보험 가입하면서 안정적으로 일할 수 있는데……. 아직은 젊으니까 인기가 있어 (저를) 찾는 곳도 많지만 더 늙기 전에 나도 뭐 하나라도 하고 싶은 생각은 있죠."

30대 김영화 씨는 열아홉에 한국으로 와서 불법체류로 일을 시작했다. 처음 일한 곳은 경기도 일산에 있는 음식점이었다. 식당에서 숙식하면서 1년 정도 일했고, 가게가 폐업하면서 그만두었다. 그 뒤 경기도에 있는 공장에서 숙식하면서 1년 일했다. 서울로 오고 싶어 공장을 나와 서울 명동에 있는 식당에서 일했다. 결혼하고 아이 키우면서는 가사 도우미로 일하며 일당을 받았다. 최근 면세점에 취업이 결정되었으나 포기한 상태이다. 근무시간이 너무 길어 초등학생인 아들을 양육하는 것과 병행하기 힘들기 때문이다. 현재는 식당에서 반나절 시간제로 일한다.

"사촌언니가 일산 그 식당으로 나를 데려다주었어요. 다들 나를 보고 말투가 그러니 북한에서 왔는가 했지요. 그 식당에서는 저만한 애들만 썼는데 저 말고 다 한국 애들이었고, 그 애들보다 10만 원인가 월급 적게 받았어요. 식당이 문 닫고 그 다음에는 숙모랑 같이 교하 어딘가 공장에서 일했어요. 하루 열

두 시간씩 주야로 교대하면서, 공장에 컨테이너가 있어서 거기서 자고, 숙모랑 1년 갇혀 있다가, 서울 너무 오고 싶어서…… 서울 사는 사촌언니가 명동에 있는 식당을 소개해 주었어요. 그때도 식당에서 먹고 자고 했어요. 그 식당은 일하는 사람이 다 중국교포였어요. 아이 키우면서는 애가 어리니까 정직원으로 일하기는 그렇고 해서, 파출 많이 다녔어요. 한 달 전에 면세점 면접을 봐서 됐어요. 면세점은 이틀 일하고 하루 쉬는데, 저는 오후 12시부터 저녁 9시까지 일하는 조에 배치 받았는데, 집에 오면 밤 11시가 된대요. 면세점에서 나올 때 검사하고 해서 시간이 많이 걸린대요. 신랑이 반대했어요. 애한테 안 좋다고……."

서울에서 대학 다니는 20대 허선 씨도 식당 일을 한 경험이 있다. 허 씨는 동대문 평화시장 가게에서 중국 고객 통역과 관리, 편의점 아르바이트, 중국어 번역 일 등 여러 가지 아르바이트를 한다. 그러나 일을 할 수 없는 체류 자격 상황에서 일을 하려면 단순노무직 일을 할 수밖에 없어 자신의 처지를 불안해한다.

"제가 작년에 (한국에) 오자마자 일했어요. 안 좋은 거지만 (비자가) C-3-8인데 일한 거죠. 저녁 9시부터 새벽 6시까지 치킨집에서 일했어요. 다른 사람이랑 생활 패턴이 완전히 다르면 안 걸리거든요. 치킨집은 중국인한테는 돈을 더 적게 줍니다.

한식집에서 6개월 일했어요. 알바생이 자꾸 그만두고 사람이 부족해서 열네 시간씩 일했어요. 그땐 학교를 안 다녔으니까. 그래서 많을 때는 (한 달) 220만 원 받았어요. 한국 분은 (시간당) 6,500원부터 시작하는데 저희는 6,000원부터 시작해요. 저희 같은 입장에서는 일단 무서운 거지요. 공부하러 왔는데 불법으로 걸려서 도장 찍힐까봐……. 저는 공부를 위주로 하지만 학교 다니면서 아르바이트 하면 편의점 알바나 식당 알바 외에 다른 알바가 있는지……. 일하면서 불법인 것 같아서 안 좋기도 하고."

산업연수생으로 한국에 온 경우를 제외하고 중국동포 여성이 한국에 올 때 일할 곳을 정해 놓고 오는 경우는 거의 없다. 그런데 당장 생활비를 벌어야 하므로 취업이 용이한 식당에서 일을 시작하는 사람이 많다. 산업연수생으로 왔어도 식당 일로 버는 돈이 상대적으로 많기 때문에 공장을 이탈하여 식당으로 가기도 한다. 40대 최명희 씨는 1996년 산업연수생 시절 한 달에 200시간 일해서 최고로 받은 월급이 77만 원이라고 기억한다. 당시 식당에서 일하면 한 달에 100만 원에서 120만 원 정도를 받을 수 있기 때문에 회사를 이탈해서 식당으로 가는 경우가 많았다고 한다. 일을 할 수 없는 체류 자격이거나 불법체류 상황에서 일을 할 수 있는 곳이 음식점이기도 하다. 식당 주인은 한국인 종업원 구하기가 어렵고, 한국인보다 낮은 임금을 줄 수 있어서 중국동포를 고용한다. 식당 일은 매우 고된 노동으로 나이 들어서까지 할 수 있는 일은 아니다. 대학 졸업자는 임시방편으로 식당에서 일하지만, 한국어와 중국어 이중언어 능력을 발판 삼아 좀 더 나은 직업으로 전환한다.

대학 졸업자인 50대 문경숙 씨는 식당 일을 그만두고 국회 인턴으로 일할 기회를 얻었다. 13개월 동안 국회의원의 공적 업무나 사적인 일에 동원되어 중국어 통역을 했다. 소속된 국회의원이 낙선되면서 국회를 나왔고, 서울시 서남권 외국인글로벌센터에서 상담과 통역 일을 했다. 생활을 위해 홈쇼핑 회사에 취업하여, 현재 중국 전담 마케팅 업무를 담당하고 있다. 40대 이영래 씨는 한국에서 공부하면서 아르바이트로 식당 일을 한 경험이 있으며, 박사학위 취득 후 현재는 연구원으로 왕성하게 일하고 있다. 중국에서 교사로 일한 30대 장춘희 씨는 식당 일을 하면서 중국어관광통역사 자격증을 취득했고, 현재 중국어 관광가이드로 일하고 있다.

이영래 씨는 중국동포 여성들이 한국에 와서 처음에는 식당 일을 하게 되는데, 어느 정도 한국 생활에 적응하면 좀 더 나은 일자리를 찾기 위해 노력한다고 말한다.

"(중국에서) 중학교를 졸업하고 4년제 중등사범학교에 가면 초등학교 교사로 배치 받을 수 있어요. 고등학교를 졸업하고 갈 수 있는 대학교 전문사범학교는 2년 혹은 3년제…… 한국에 오신 동포들이 이런 출신들이 꽤 많죠. 이런 분들이 왜 많은가 하면, 동포들이 초등학교(교사)로 갈 때 월급이 잘 안 나오는 시기가 90년대였는데…… 한동안 제 친구들도 그 때에 월급을 몇 달 동안 못 받았던 경험이 있어요. 그때는 학교 선생님이 그다지 매력적인 직업이 아니에요. 월급이 굉장히 적어요. 근데 90년대 초에 한국에 오면 한 달에 버는 돈이 중국에서의 몇 년 버는 것과 맞먹는 거죠. 그래서 그때 이런 출신들이 많이 나오게 된 거에요. 개혁개방시기에 여자들은 철밥통이 아니라 돈을 잘 벌 수 있는…… 이런 것들이 복합적으로 작용하면서 중국을 떠나는 게 낫겠다는 결론을 얻어 낸 거죠. 그런데 한국이 이미 고학력화가 되어 있는 시기에 동포 여성이 한국에 와서 할 수 있는 건 아무것도 없죠. 이런 분들이 식당 일을 하면서 자괴감이 들죠. 마음 한구석에는 항상 자기가 교사라는 자부심을 가지고 있죠. 제 친구도 (중국에서) 교사인데 (한국에서) 식당 일을 하고 있는 사람들이 꽤 많아요. 같이 졸업해서…… 열 명 정도 되는데 한 명만 이중언어 강사로 중국어 가르치고, 나머지는 다 식당일을 하고 있어요. 그런데 최근 사회복지사 자격증 따고 싶다고 알아봐달라고 저한테 연락이 와요. 전체적으로 하향화되었기 때문에 뭘 하고픈 마음이 큰 거겠죠. 그리고 요양보호사나 최소한의 자격증을 가지고 싶어 하는 사람이 많은데……. 사회복지사도 월급은 그렇게 많지는 않지만 그래도 식당일에 비하면 사회적 지위가 높잖아요."

사회적 약자가
가장 취약한 약자 돌보기

인터뷰 당시 돌봄 노동에 종사하는 여성은 60대 정경순 씨와 황연숙 씨, 50대 이용선 씨와 김연자 씨 네 명이다. 식당 일을 하기에 체력적 한계가 오는 50~60대에 접어들면 간병 일이나 산모 도우미, 가사 도우미로 직종을 전환한다. 한국에서 사회적 약자인 중국동포 여성이 가장 취약한 상황에 놓인 노인과 아이 돌보는 일을 하는 것이다. 돌봄 노동시장에서 중국동포 여성은 한국인에 비해 낮은 임금을 받으면서 상대적으로 노동 강도가 높은 일을 한다.

한국은 노인과 아이 돌봄이 개인과 시장에 맡겨져 있다. 영리를 추구하는 민간 노인요양병원은 노동 강도가 높고 임금 수준도 낮아 한국인 간병인을 구하기가 어렵다. 중국동포 여성은 한국인이 가지 않는 이런 시설에서 한국인보다 적은 돈을 받고 일한다. 개인 간병인이나 가사 도우미로 한국인을 고용하고 싶은 가정은 더 많은 비용을 지불한다. 비용을 줄이고 싶으면 중국동포 여성을 고용한다. 돌봄 일을 하는 이들은 인터뷰에서 돌봄 노동의 고됨과 차별의 경험을 쏟아 내는 한편 자신이 돌본 환자나 아이들에 대한 애정을 보이기도 하고 일에 대한 자부심을 표현하기도 한다. 한국에서 식당 일과 돌봄 노동을 하느라 상한 몸을 중국에 가서 치료하고 재충전을 한 후, 한국으로 다시 돌아와 일하는 경우도 많다.

정경순 씨는 예순이 된 2007년, 한국에 와서 간병 일을 시작했다. 한국에 도착한 다음 날부터 중환자실에서 간병 실습을 했다. 처음에는 중환자실에서 사용하는 용어를 알아듣지 못해 스트레스를 많이 받았다. 요양병원에서 공동간병을 2년간 했는데, 노동환경이 너무 열악해서 한국인 간병인은 없었다고 한다. 중노동에 사람 대접하지 않는 근로 환경에 반발하여 중국동포 간병인들과 집단 퇴사했다. 이후 개인 간병 일을 하고 있다. 정 씨는 3년간 간병 일을 하고 중국에 들어가서 6개월간 아픈 허리를 치료한 뒤 한국으로 돌아왔다. 인터뷰 당시 감기가 걸려 간병 일을 쉬고 있었다.

"(한국 와서) 그 다음날 친구 통해 간병협회에 들었어요. 중환자실에서 일주일 실습시켰는데, 그 당시는 중환자실이 뭔지 몰랐지요. 영어로 뭐라고 하는데 알아듣지 못했지요. 욕을 먹었죠. 실습하고 나서 ○○병원으로 갔지요. 할아버지 열 명…… 공동간병을 2년 했어요. 근로계약서 그런 거 없었지. 간호사들이 우릴 세워 놓았어요. 누울 자리도 앉을 자리도 없어요. 의자도 안 줘요. 병원에서 먹고 자고 (한 달) 195만 원을 받는데, 하루 스물네 시간 일하는 거지. 딱 네 시간 재우더라구. 썩어지게 욕도 먹고, 딱 그저 일본 경찰 같아. 일본 경찰도 그렇게 하지 않아. 아 정말 힘들었지. 너무 힘들어서 간병인들이 반란을 일으키고 몽땅 나왔어요. 일하는 사람은 다 중국동포지, 한국 분은 하나도 없어. 규정은 (간병인 한 명이) 네 명씩 맡는 건데 여섯을 맡기는 거요. 둘은 저네 돈 가지는 게 되지, 우리도 뻔히 알겠던데."

"나와서 일대일 (개인) 간병했지요. 난 그런 게 있는지도 몰랐어요. 한국 분이 7만 원 받고 (간병) 했는데 8만 원 달라고 하니, 보호자가 다른 사람을 찾은 거지. 나는 6만 5천 원 받고 했어요. 그 다음 할아버지 돌볼 때는 7만 원씩 받았어요. 토, 일요일 없이 3년 6개월 모셨어요. 무지무지 고생했지요. 근데 그 할아버지 참 인자하신 분이었어요. 난 중국 사람이고 언어도 서툴고 성격도 좀 급하고 내 허물이 많은데…… 어떤 일이 있든 나 보고 서운한 말을 안했어요. 그 할아버지한테서 많은 거 배웠어요. 욕창 안 생기게 했지요. 그래서 많이 좋아져서 말도 하고 일어나서 한 걸음 걸을 정도로……. (할아버지) 다른 병원으로 가면서 헤어졌는데 여러 해 같이 있었으니 정도 들었지, 할아버지 울고, 나도 눈물 나오고. 속다짐했지요, 이런 일은 응당 이런 거라고……. 중국을 3년 만에 너무 아파서 갔어요. 간병하느라 허리 아파서……. 가서 여섯 달 치료하고 왔어요. 여기 약하고 우리 잘 맞지 않아요. 중국 약은 좀 센데, 여기 약은 좀 연해요."

황연숙 씨는 2001년, 쉰한 살에 한국으로 와서 식당에서 1년 일하고, 입주 가사 도우미 일을 시작했다. 처음 입주한 집에서 가사 일도 하고 아이들에게 생활 중국어를 가르치면서 2년간 일했다. 한국에 온 지 3년이 되면 일단 중국으로 돌아가야 해서 그만두었다. 한국으로 다시 돌아와서 아이를 막 출산한 가정에서 입주 도우미로 3년 일했다. 한국에 재입국 후 3년이 지나 다시 중국으로 돌아가야 했고, 1년간 중국에 있다가 한국으로 왔다. 출산 가정의 입주 도우미 일을 다시 했는데, 이전과 달리 약 3개월간 일하다가 그만두었다. 돌보던 신생아가 무거워지면 허리가 아파 감당하지 못하기 때문이다. 힘들어서 입주 도우미 일은 그만두었다. 한국 국적을 취득하고 산모 도우미 일을 하기 위해 돈을 내고 교육을 받았으나, 중국동포라는 이유로 방문 산후 도우미 일자리 찾기가 쉽지 않다고 한다.

"가사 일 하면서 여섯 살, 네 살 먹은 아이들인데 생활상에서 말로만 (중국어) 가르쳤죠. 애기들이 재미나게 잘해요. 그런데 그 집에서 먹는 거를 너무 차별했어요. (한국) 정부에서 집(중국)에 갔다 오면 5년짜리 (비자) 해준다고 해서 갔지요. 애를 막 낳은 집에 들어가 삼년을 키웠어요. 밤에 데리고 잤지요. 4대 보험도 없고 퇴직금도 없고 진짜 밤낮을 봐 주는 거지요. 일하다가 감기 걸리면 애기 엄마가 주민등록증 번호를 적어주고 병원 가래요. 맨 처음에 몰랐지요. 뭐냐고 물어보면 엄마 주민등록번호라고 해요. (내가) 의료보험이 안 되는 거 아니까……. 쌍둥이 있는 집은 세 곳을 했는데 첫 집에서 1년 넘게 일하다가 애기들이 체중이 나가니 허리 아파서 나왔지요. 내 몸이 다

망가진 거지, 그 다음은 허리가 나빠 3달 정도만 일하다 나왔지요. 나는 애기 천사들하고 노는 게 제일 기분이 좋고……. 이제는 건강이 안 좋아서 입주하기 힘들고, 국적도 땄으니 산후도우미 하려고 교육도 받았는데…… 교포는 국적이 있어도 안 된다고 해요. 한국 분하고 월급 차이가 너무 섭섭하게 나지요. 나는 한국 분보다 더 잘하는데 교포라서 그 월급을 못 타는 거예요. 30만 원씩 40만 원씩 차이가 나요. 나는 쌍둥이 보면서 200만 원, 220만 원까지 받은 적이 있고, 중국교포는 보통 170, 180만 원 받고 해요. 한국 분들은 250, 270만 원까지 받지요. 똑같은 일을 해도……."

이용선 씨는 마흔일곱 되던 2007년에 방문취업 비자를 받아 한국에 왔다. 처음엔 식당 일을 했지만 일이 힘들어 2008년 8월 무렵 간병 일로 전환했다. 개인 간병을 하다 일이 없어지면서 요양병원에서 공동 간병을 했다. 한국 입국 후 3년이 지나 중국으로 들어갔다. 2011년 한국에 재입국하여 충북에 있는 가구공장에서 18개월 일하다가 공장을 나와 개인 간병 일을 다시 시작했다. 요양보호사 자격증을 취득하여 현재 재가방문요양사로 일하면서 주말에는 병원에서 개인 간병 일을 가끔 한다. 재가방문요양 일은 돌보는 노인이 요양원으로 가면 일이 끊겨 수입이 일정치 않으나, 본인 건강을 돌보면서 일을 할 수 있다. 남편은 2016년에 한국으로 왔다. 교통사고로 의족을 한 남편은 예순한 살인데, 파주에 있는 요양병원에서 공동 간병 일을 하고 있다. 이 씨는 중국동포의 노동력 없이는 운영되기 힘든 민간 요양병원 실태와 중국동포 차별을 비판했다.

> "지금 요양보호병원에서 일하시는 분들 한국 분들 몇이 없어요. 시설에서는 거의 교포에요. 우리 남편이 지금 여섯(명)을 돌보면서 일당으로 7만 원이에요. 한 달에 두 번 쉬는데, 통장으로 30일치 월급이 들어오고, 쉬는 날 (계산하여) 돈을 다시 (시설에) 돌려주지요. 우리가 한국 법을 모르니 이거 제기를 못 하는 거지요……. 한국 언니들은 입주하면 250만 원인데, 교포는 180, 200만 원. 같은 시간 일해도 이렇게 차이가 있죠. 그렇지만 어떻게 하겠어요, 내국인이 아닌데. 국적이 중국인데……. 일하느라 내 몸 다 망가졌어요. 힘드니까 중국에 가서 쉰다고 갔는데 병이 났지요."

김연자 씨는 2002년 말 한국에 왔는데, 당시 서른여섯 살이었다. 한국에서 식당 일을 8년간 했다. 식당에서 하루 13시간씩 한 달에 두 번 쉬면서 일했다. 식당 일을 그만두고 2010년부터 입주 가사 도우미 일을 하고 있다. 현재 같은 집에서 7년째 일하고 있다. 입주 가사 도우미 일을 1년 하고 나서 방문취업 비자를 재외동포 비자로 전환할 수 있었다. 대학 졸업한 딸이 2016년 한국으로 오면서 전셋집을 얻었다. 금요일 저녁부터 본인 집에서 딸과 지내고 일요일 오후에 일터인 입주 가정으로 복귀한다.

"식당 일하면서 제가 1년 동안 코피가 매일 터졌어요. 처음 95만 원 받고 시작해서 제일 많이 170만 원 받고……. 식당 일하고 골병 생겼지요. 지금도 저리고 아프고요……. 식당 일이 더 힘들죠. 팔이 다 망가져서 너무 힘들어요. 나라에서 가정부 하면 영주권을 딸 수 있다 그래서 가정부 시작한 거예요. 가정부 일 시작하면서 처음 간 집에서는 같이 사는 친정엄마가 너무 못되게 굴어서 일주일 일하다 돈도 안 받고 그냥 나왔어요. 두 번째 간 집에서 일한 지 7년 다 되어 와요. 애기 엄마가 너무 잘 해 주고 참 좋아요. 한 달 반부터 키운 애가 지금 유치원 끝나고 있어요. 너무 예쁘지요. 제 자식처럼 못해도 진짜 너무 예쁘게 키웠어요. 처음 150만 원에 들어갔는데 올리고 해서 지금 200만 원 받아요."

늘어나는 서울의 중국인, 일자리 기회의 확장과 경쟁

중국동포 여성은 늘어나는 중국인을 상대로 영업 활동을 하는 사업체에서 일자리를 얻고 있다. 중국 진출 한국 기업에서 조선족 여성이 일자리 기회를 찾은 것처럼, 서울 사는 중국동포 여성은 중국인 대상 사업체에서 일자리 기회를 얻고 있다. 한국어와 중국어로 의사소통이 되기 때문이다.

20대 최숙연 씨는 현재 무역회사에서 중국 거래 업무를 담당하고 있다. 무역회사에 취업하기 전 명동에 있는 화장품 가게에서 중국인 관광객 상대로 판매 일을 잠깐 했다. 30대 장춘희 씨는 중국인 대상 관광가이드를 하고 있다. 50대 문경숙 씨는 홈쇼핑 회사에서 중국 시장 마케팅 업무를 담당하고 있다. 30대 김영화 씨는 중국인 관광객 대상 면세점에서 일하는 사촌 여동생을 통해 면세점에서 일할 기회를 얻었다. 20대 허선 씨는 동대문시장에서 중국인 고객을 관리하고 통역하는 아르바이트를 했다. 50대 김연자 씨 딸도 동대문시장에서 중국인 고객 관리와 통역 일을 한 적이 있다. 지금은 중국인 관광객이 많이 오는 명동의 화장품 가게에서 일한다. 40대 최명희 씨도 남대문시장의 한 가게에서 중국인 고객 지원 업무를 한 적이 있다.

서울에 사는 중국동포가 많아지면서 이들을 상대로 영업하는 사업체가 많아지고, 이에 중국동포 여성들의 일자리 기회도 확장되었다. 한국 국적을 취득한 40대 서민선 씨는 중국에서 온 중도입국 학생을 대상으로 보습학원을 운영하고 있다. 이와 병행하여 공공기관이 지원하는 이주민 교육프로그램의 강사로도 활동하고 있다. 결혼이주자인 50대 김미순 씨도 중국동포 여성들과 협동조합을 만들어 중국동포 자녀들에게 한국어와 중국어 가르치는 일을 하고 있다. 30대 김선희 씨는 중국동포에게 비자 발급, 법률 상담, 행정 처리 등의 서비스를 제공하는 행정 사무실을 운영한다. 30대 장춘희 씨는 중국인 상대 행정 사무실에 취업했으나, 한국 국적이 아니어서 일을 그만두었다. 30대 변순화 씨는 중국동포 친구들과 중국어 학원을 운영하고 있다. 40대 이향숙 씨는 프리랜서 중국어 강사이다. 30대 전미향 씨는 중국요리 양꼬치 음식점을 운영하고 있는데 손님의 절반이 중국 학생이다.

> "종업원은 동포를 쓸 수밖에 없거든요. 중국집이라서 중국말도 해야 되고 한국말도 해야 되니까……. 손님들 절반 이상이 거의 중국 학생들로 차 있어요."

중국동포를 포함해 서울에 사는 중국인이 늘어나면서 중국동포들의 일자리 기회가 확장되었지만, 한국어가 가능한 한족 중국인들이 늘어나면서 중국 한족과의 경쟁 구도가 형성된다. 한국에서 석사학위를 취득하고 중국어 학원을 운영하는 30대 변순화 씨는 경험상 기업에서는 중국동포보다 한족 중국인을 더 선호한다고 한다. 박사과정에 있는 20대 주화선 씨는 한국에서 중국동포 청년 여성의 취업이 어렵다고 한다. 학력 수준이 높은 20~30대라도 판매직 외에 일자리를 얻기가 쉽지 않다.

> "똑같은 조건에서 (중국)동포하고 한족이라고 하면 한족을 더 선호하는 경향이 크지요. 동포니깐 싫다는 게 있어요. 일을 해

보니까 다 보이더라구요. (중국동포에 대한) 과거의 오해로 인해서 한국에 들어온 젊은 세대(중국동포)들이 당할 수밖에 없는 상황이 많은 것 같아요."

"크게 보면 한국에서 남성이 여성보다 취직 확률이 높잖아요. 그 여성들 가운데서 또 내국인하고 외국인의 차별이 있고, 외국인에서도 중국 출신 같은 경우에는 한족을 더 선호하는 경향이 크거든요. 그래서 동포 출신 여학생들이 졸업하고 직업 찾기가 굉장히 힘들어요. 그래서 조건 제한이 낮은 서비스업 쪽으로 가는 거지요. 애초에 이중언어가 큰 장점이라고 생각했거든요. 취직이 수월하고 자리도 많을 거라고……. 그런데 동포라는 신분이 오히려 발목을 잡는 경우가 많더라구요. 조선족 유학생이라고 하면 한족 친구에 비해 중국어를 잘 못하고, 한국어도 억양이나 사투리 때문에 서툴다는 인식을 하지요. 중국어 과외 알바를 찾을 때도 한국인들은 이제 대 놓고 조선족은 싫다고 말해요. 동포니까 싫다는 게 있어요. 순수한 중국인이 아니라 가짜 중국인이라며. (한국) 정부에서 외국인 인재양성을 많이 지원한다고 하는데, 그것이 남성을 더 선호하고 있다는 것이 느껴지거든요. 여자는 아무리 박사까지 졸업하고 그래 봤자, 한국 사람과 결혼하지 않은 이상 큰 소용이 없다고 눈치를 주더라구요."

02

적응과 스스로 돌보는 생활 전략

생활 전반을 기대는 곳이자 사회 관계망 확대의 장, 교회

서울 사는 중국동포 여성의 정신적 의지처이자 일상생활을 지원하는 장소로 교회가 있다. 한국에서 교회를 다니는 중국동포 여성 중 중국에서부터 교회나 예배 모임에 참여한 신자들도 있다. 60대 황연숙 씨와 조현순 씨, 50대 이용선 씨, 30대 이진숙 씨 경우가 그렇다. 황 씨는 한국에서 개신교도가 되어 돌아온 조선족 여성의 전도로 기독교를 알게 되었다. 예배 모임에 몇 번 갔으나, 중국 정부가 감시한다는 소문에 예배 모임이 중단되었다. 한국에서 입주 가사 도우미로 일할 때 주말에는 교회 운영 쉼터에서 쉬고 예배에 참여했다. 지금은 남편이 교회 다니는 것을 반대하여 교회에 나가지는 않는다. 중국에서 처음 기독교를 접한 황 씨는 교회에 다니며 정신적 활력을 느꼈다. 한국에서 교회는 황 씨에게 고된 노동을 내려놓고 잠시 쉴 수 있는 피난처이자 같은 처지의 여성을 만나는 교류처 역할을 한다.

> "한국에서 몇 년 있다 집에 온 애기 엄마가 교회를 다닌 여자요. 우리보고 예배하러 오라 그랬어요. 친한 친구가 날 데리러 왔어. 저기 누구네 집에 교회 예수교 믿는다는데 우리 거기 가서 찬송가나 배우자 그래. 조선족 아줌마 몇이 앉아서 예배 보고 찬송하고 그러니까 마음이 확 트이는 게 그렇게 기분이 좋은 거야. 주말마다 한 번씩 가고……. 그런데 한번은 우리 이름이 정부에 다 적혀가 있대요. 교회 다니는 사람은 다 적어 놓는대, 정부에서. 중국 정부가 싫어하는 거지. 그래서 모임이 중단되었지. 한국에 오니 교회가 총총총 (있어) 제 맘대로 가. 그래서 그게 좋더라구요. 우리 교포들이 주말에 쉬잖아요. 그때 나 집이 없었잖아. 그래서 주말 쉬면서 교회 다니면서 예배도 드리고, 활동도 하고……. 우리 동포들끼리 모여서 하고 싶은 얘기 다하고 또 교회에 가서 찬송가 하면 그 같이 좋은 게 없는 거야. 남편이 일한 떡집에서 부부가 싸움이 났어. 부인이 목사님에게 차 사주고 돈 많이 낸다고 싸우는 그걸 본거지. 집에 와서 나보고 교회에 맨날 돈 퍼주는 거 아니냐고, 다니지 말라고 해서 그때부터 내가 (교회) 안 가요. 일하기도 힘든데 싸움까지 할라니 너무 힘들어서요."

60대 조현순 씨는 교회에서 주방 일을 하는데, 딸과 외손주 네 식구와 함께 살기에 집이 좁아서 교회 쉼터에서 지내고 있다. 외손녀는 교회 부설 어린이집에 다니고, 중도입국 중학생 외손자는 교회에서 진행하는 교육 프로그램을 듣고 있다. 조 씨는 중국에서 1991년부터 교회를 다녔다. 신앙생활이 힘든 생활을 견디는 데 도움이 되었고 교회를 통해 한국교회의 쉼터 정보를 얻었다. 한국에 와서 수술해야 하는 큰 병이 생겼을 때, 같은 교회 다니는 중국동포 할머니의 도움을 받았다. 목사님 집에서 아픈 몸을 추스르면서 한국 음식 조리법을 배웠고, 지금도 교회를 통해 주거와 생계를 해결하고 있다.

> "교회에서 전도 왔어요. 교회 다니면 좋다 해서 처음엔 뭣 모르고 갔죠. 버스 타고 한 시간 가야 되는 곳에 교회가 있었지요. 그냥 너무 어렵게 살고⋯⋯ 속상할 때는 속풀이가 되는구나 하면서 다녔어요. 여기 교회는 우리 중국에서 소문이 많이 퍼져 있어요. 한중사랑교회 가면 먹고 재운다. 그리고 거기서 먹고 자면서 이제 일자리 찾으면 된다고⋯⋯. 교회 다니니까 진짜 하나님 힘으로 지내왔어요."

50대 이용선 씨는 중국 칭다오에서 한국 가정의 입주 가사 도우미로 일할 때, 기독교인인 집주인 여성의 권유로 함께 한인 교회를 다녔다. 중국에서 교통사고 당했을 때, 살아난 것이 하나님이 베푼 기적이라 여겨져 그 뒤로 신앙심이 강해졌다. 한국 와서 처음에는 교회 쉼터에서 잠깐 지내기도 했다. 정해 놓고 다니는 교회는 없고 그때그때 가까운 교회에 다니지만, 성경공부는 열심히 하고 있다. 김 씨는 한국 교회가 기업 같다는 일침을 놓기도 한다.

> "우리 고향은 목사 없이 전도사님이 설교하고 그랬어요. 전도사님이 같이 기도해 주고 많이 도와주었어요. (한국에서) 막 일하면서 다니다 보니까 (다니는 교회가) 그냥 들쑥날쑥해요. 가정집에서 간병하는 할아버지가 중풍인데 일요일 교회 가면서 한 시간 반 차 타고 가요. 내 생각에 (집) 앞에 십자가가 있는데 어찌 그리 먼 데 가는가 싶더라구요. 시간이 가다 보니까 아, 이게 한국 교회가 결국은 기업이구나…… 여기 한국에 나와 보니 교회가 기업이 되어 가지고, 뉴스 나오는 거 보면 너무 부패한 거잖아요."

30대 이진숙 씨는 헤이룽장성 출신인데 한국 교회가 파송한 선교사를 만나서 기독교인이 되었다. 인터뷰한 한중교회 목사는 중국 선교를 여러 번 갔다. 중국에서 한국인이 선교하는 것은 불법이기 때문에 가정교회 식으로 활동한다고 한다. 한국 교회가 중국 동북 3성에 파견한 선교사를 통해 중국동포 여성은 기독교를 접하고, 한국 이주에 필요한 정보와 관계망을 확보하기도 한다. 이 씨는 현재 교회에서 운영하는 중국동포 일자리 중개 업무를 하고 있다. 초등학생 아들은 교회에서 운영하는 중국동포 초등학교 교실에 다닌다.

중국동포가 많이 사는 구로구와 영등포구에는 중국동포 신자가 대다수인 교회가 있다. 구로구에 있는 한중교회는 약 1만 6천 명의 등록 교인이 있는데, 이 중 95퍼센트가 중국동포이고 한족 중국인이 5퍼센트이다. 한중교회 목사에 의하면 신도의 70퍼센트 이상이 여성이며, 50~60대 여성이 제일 많다고 한다.

교회는 중국동포를 위해 저렴하게 숙식을 제공하는 쉼터를 운영하고 있다. 주말에는 자원봉사 의료진이 교회에서 의료 서비스를 제공하고, 지속적으로 치료가 필요한 사람에게는 협약을 맺은 인근 병원을 소개한다. 이 밖에도 한 달에 10만 원 정도 비용을 지불하면 되는 어린이집과 중도입국 청소년을 위한 대안학교를 운영한다. 그리고 교회 관계망을 통해 일자리 소개, 노동 문제 상담과 노무사 연계, 체류 자격 관련 행정 상담, 한국어와 컴퓨터 강좌 등의 서비스를 제공한다. 40대 손화경 씨는 교인은 아니지만 목사님에게 체류 문제 관련 상담을 받고 도움이 되었다고 한다. 중국동포가 모여 사는 영등포구와 구로구에 소재하는 몇몇 교회는 경제적, 사회적 자본이 빈약한 중국동포에게 생활 전반을 지원하는 거점 역할을 하고 있다.

중국동포 여성 중 한국에 와서 교회의 도움을 받고, 이를 계기로 기독교인이 된 사례가 있다. 60대 정경순 씨는 서울 살이 초기, 힘든 시기에 교회 도움을 받았다. 병원에서 개인 간병일을 하는 60대 정 씨는 일이 없는 날에는 교회 쉼터에서 지내고 있다. 교회 쉼터에서 지내면서 점차 신앙심이 생겨 이제는 일요일에는 간병을 하지 않고 예배에 참여할 정도가 되었다. 성경 공부와 교회 일에도 적극적으로 참여하고 있다.

> "여기 와서 방을 안 구했어요. 아는 동생이 교회로 가자는 거요. 내가, 교회 그런 거 모르오. 거기 미신 믿는 데라고……. 그런 곳 들어가면 나 무서워 안 가겠소 했지요. (아는 동생이) 그런데 언니 돈이 없지 않는가, 여기 (물가가) 비싼데 어찌하겠소, 교회 가서 점심 한 때만 먹고 나오기요 해요. 나한테는 이 교회가 도움이 되다마다. 정말 큰 은혜죠, 일요일마다 교회 나오는데."

한국인과 결혼한 40대 이향숙 씨는 남편과 시어머니를 따라 한국에서 교회를 다니기 시작했다. 경제적으로 여유가 있는 시댁과 관계가 좋아서 시어머니가 다니는 교회에 함께 나간다. 교세가 큰 교회인 만큼 한국인과 인맥 쌓는 데 도움이 된다. 30대 김영화 씨는 시아버지가 교회에 열심히 다니지만, 시댁과 교류가 없어서인지 교회에 나가지 않는다. 30대 장춘희 씨는 중국동포인 시어머니가 나가는 교회를 통해 귀화에 필요한 한국인 추천서를 받았다. 교회는 중국동포가 한국인과 만나 사회적 자본을 만들 수 있는 장소이기도 하다. 20대 허선 씨는 한국에 와서 천주교 신자가 되었다. 천주교 재단의 대학교에 다니면서 수녀님을 만날 기회가 있었고, 천주교에서 운영하는 복지 기관에서 봉사활동을 하다가 신자가 되었다. 결혼이주자로 한국에 온 50대 김미순 씨는 서울 생활 초기에 이주여성 인권을 지원하는 교회에서 한국어를 배우고 정신적으로 많은 도움을 얻었다. 그곳을 지금도 친정처럼 생각하고 있다.

2016년 서울서베이 외국인조사에 따르면 서울 사는 중국동포 여성이 정기적으로 가장 많이 참여하는 모임은 종교 모임이다. 이 조사를 통해 중국동포 여성의 22퍼센트가 정기적으로 종교 모임에 나간다는 사실을 알 수 있다. 서울에 사는 중국동포 여성의 약 19퍼센트는 종교단체를 통해 심리적 지원을 비롯해 다양한 유형의 도움을 받은 것으로 나타났다.

중국과 구소련 동포를 배제한 재외동포법이 1999년 제정되었을 때, 법이 가진 문제점을 제기하고 법 개정을 하는 데 일부 교회단체가 기여했다. 아울러 교회는 정부에 앞서 중국동포들이 한국 생활에 적응할 수 있도록 돕는 지원사업을 해왔다. 법무부는 교회의 이런 활동을 인정하여 교회 중심으로 동포체류지원센터를 지정했다. 여러 가지 이유로 중국동포가 교회를 찾을 수밖에 없는 상황이었다. 이에 대해 40대 이영래 씨는 중국동포단체가 능력을 키우고 동포 리더를 양성하는 차원에서 동포체류지원센터를 중국동포단체에 두는 것을 제안한다. 아직 자원이 부족한 중국동포단체를 정부가 일정 부분 지원한다면 더 좋을 것이라는 말도 덧붙였다.

중국동포단체 참여로 권익 보호와 한국 생활 적응

30대 김선희 씨는 중국동포단체에서 10년째 활동하고 있다. 김 씨는 2004년 한국에 왔고, 2008년 귀화했다. 중국동포가 많이 사는 대림동에서 개인사업으로 사무실을 운영하면서, 재한동포연합총회와 재한중국동포유권자연맹에서 자원봉사로 일한다. 중국동포에게 필요한 정책을 추진하기 위해 선거권을 행사해야 한다는 생각을 가지고 있다. 중국동포가 많이 사는 가리봉동과 대림동의 도시재생사업 방향을 제안하기 위해 해당 구청장을 만나기도 했다.

"올해 제가 서명운동을 한번 하자고 회장님에게 제안했어요. 이번 19대 총선 때, 우리가 투표하자는 서명운동을 3개월 동안 대림역 근처, 가리봉시장, 구로구청 근처에서 했어요. 우리에 대한 정책이 바뀌고 제대로 가려면 정치권에서 우리 목소리를 들어주고, 그 목소리를 반영해 줄 수 있는 사람이 있어야 된다는 거죠. 그때 총선 기간에 구로구청 강당을 빌려서 한 달에 한 번씩 투표에 관련된 기초교육을 실시했어요. 선거관리위원회의 강사 분을 초빙해서……. 귀화하신 분들이 대부분 투표권을 어떻게 행사할지, 그 절차에 대해서조차 잘 모르시는 분들이 많거든요. 한번에 100명, 150명 모시고 차근차근 교육했지요. 투표는 이렇게 한다, 부정선거는 이렇다 등등. 그게 도움이 많이 된 것 같아요. 투표율이 올라갔다는 결과가 있어요."

"가리봉시장하고 대림동이 차이나타운이라는 식으로 아예 상징처럼 됐으면 해요. 어차피 재개발이 무산되고 도시재생으로 넘어갔잖아요. 그래서 환경미화를 할건데, 아예 우리 중국 사람의 특징에 맞게끔 부각을 시켜달라고 구청장님한테 강력하게 요청을 했어요. 명품 거리로 재탄생되면 관광객들도 늘어날 거고 당연히 구로구에 있는 중국동포 상인들의 경제력도 제고되잖아요."

30대 변순화 씨는 중국동포단체인 한마음협회에서 2011년부터 활동하고 있다. 변 씨는 중국에서 대학 졸업 후 2008년 유학생으로 한국에 와서 석사과정을 마쳤다. 한국에서 중국동포들이 상대적으로 열악한 환경에 처해 있음을 깨닫고 단체활동을 하게 되었다.

"처음에는 제가 동포를 피했다고 해야 하나요, 뭔가 여기에 적응을 하려면 여기의 문화를 좀 접해야 한다는 그런 생각이 들이시 동포들과 많이 접촉할수록 (적응에) 안 좋을 거라는 생각을 많이 했어요. 그러다가 동포들이 상대적으로 열악한 환경에 처해있다는 것을 느끼게 되었어요. 바꾸려면 내가 여기에 몸을 담지 않으면 안 되겠다 싶어서 봉사활동부터 시작해서 여러 가지 단체활동을 하기 시작했죠. 한국 분들과 함께 하는 운동도 조직하고."

중국에서 시민단체활동을 경험한 적이 있는 50대 문경숙 씨는 중국동포단체와 시민단체 활동을 열심히 하고 있다. 최근에는 중국동포 이미지 개선 캠페인 사업에 참여했으며 재한동포문인협회에 가입하여 활동하고 있다.

"중국에 있을 때 한국에 있는 YWCA의 한 분이 연변에다 YWCA를 세웠어요, 가만히. 그래서 내가 거기서 부회장까지 했거든요. 근데 나는 YWCA가 뭔지를 몰랐어요. 중국에서는 봉사활동을 할 수 있는 기회가 없었어요. 그래서 중국에서 봉사활동을 하면서 그 단체의 부회장까지 했는데 중국공산당에 들통이 나서 깨졌어요. 그래서 나는 뒤로 물러났고…… (한국에 와서) 이주여성모임단체가 있었어요. 그 조각보 단체가 나한테 큰 힘이 된 것 같아요. 처음에는 조각보가 뭔지 모르고 막 다녔어요. 그리고 이제 동북아평화연대라고 하는 시민단체와 같이 동포 이미지 개선을 위한 캠페인을 했어요. 그리고 조선족을 막 비방하는 댓글이 올라오면 동포모니터링단 이름으로 그 사람에게 동포 사회에 사과하라고 보내기도 하고, 사과를 받아서 동포 사회에 또 알려주고, 한국 매체에도 알려주고…… 국회의원 하는 분들 (중국동포 관련) 이상한 이야기에 문제 제기하고……. 그런데 그분들 바로 사과문 발표했고……. 동포들도 저런 단체가 있어서 우리를 좀 견제하고 있구나를 알리고 싶은 욕심이 있는 거지요. 보람이 있어요."

40대 서민선 씨는 1995년 부모와 한국으로 왔고, 그 해 한국 국적을 취득했다. 한국에서 석사학위를 받은 서 씨는 중국동포단체에 참여하여 귀화한 중국동포들이 한국 사회에 빨리 정착할 수 있도록 지원하는 일을 6년간 했다. 최근에는 법무부의 이주민 대상 한국이해교육프로그램에 강사로 활동하고 있다. 한국에서 석·박사과정을 마친 40대 이영래 씨는 결혼이주여성의 시민단체활동을 계기로 서울 시정에 참여하는 기회를 얻었다. 서울 시정에 참여하면서 행정기관의 중요성을 인식했고, 중국동포의 목소리를 대변하기 위해 적극적으로 노력하고 있다. 중국동포 관련 정책의 실효성을 높이기 위해 최근 한국인과 중국동포 연구자로 구성된 한중단체를 결성하는 데 주도적 역할을 했다.

20대 최숙연 씨는 배드민턴을 하기 위해 집 근처 중국동포단체인 한마음협회를 찾아갔다. 협회는 인터넷 검색으로 찾아냈다. 조선족 고등학교를 다녔지만 조선족 역사나 한국 역사를 배운 적이 없었기 때문에 한마음협회에서 제공한 한국 역사 교육이 유익했다고 한다. 40대 최명희 씨와 손화경 씨는 한마음협회에서 제공하는 중국동포 아동 체험학습 프로그램에 참여하기 위해 협회에 가입했다.

한국에서 석사과정을 마치고 박사과정을 준비 중인 20대 주화선 씨는 중국동포 유학생으로 결성된 단체에서 운영진으로 활동하고 있다. 2003년에 창립된 이 단체는 정기적인 선후배 교류 활동, 학술 행사를 개최하여 중국동포 유학생의 친교와 정보 교류의 장이 되고 있다. 단체의 존재가 알려지면서 옌볜조선족자치주가 단체의 활동을 지원하고 있다. 지원사업의 하나로 중국동포 유학생이 고향의 최근 동향을 살펴볼 수 있도록 여름방학 고향 방문 행사를 후원하고 있다.

중국동포단체나 시민단체에서 활동을 하는 중국동포 여성은 대학 졸업 이상의 고학력자이다. 개인 시간을 낼 수 있고, 무보수로 일하는 사회단체활동을 어느 정도 감당할 수 있는 개인사업자나 전문직 종사자이다. 이들은 단체활동을 통해 한국 생활에 빨리 적응했고, 한국에서 사회단체활동으로 중국동포의 삶이 나아질 수 있다는 가능성을 본다. 이영래 씨는 처음에는 고학력 중국동포들이 동포 사회에 관심이 없었는데 최근 들어 한국에서 석·박사과정을 마친 중국동포들이 중심이 되어 동포 사회에 뭔가 기여하려는 움직임이 보인다고 말한다.

"고학력자들은 동포단체 사회에 관심 없어요. 본인의 인적 자원으로 취직을 하기에……. 조선족 신분 때문에 차별 받는다고 생각 안 해요. 어차피 본인의 자원으로 움직인다고 생각하지요. 금융학 박사를 하신 여성 분이 있는데 조선족으로 한계가 있다는 생각을 하지 말라고 해요. '네가 조선족이라는 것을 잊어라'는 조언을 해요, 본인은 글로벌인이라고 생각하는 것이지요. 굉장히 위험한 조언이긴 한데 그렇게 살아왔기 때문에 성공을 한 거겠죠……. 지금 어떤 현상이 있는가 하면 석박사를 여기에서 공부한 사람들이 다시 동포 사회로 돌아와서 무언가를 기여하고 싶다라는 생각을 가지고 있는 것이 좀 보여요."

쉽지 않은 한국인 사귀기, 서울에서 하는 동창회

2016년 서울서베이 외국인조사에 따르면 중국동포 여성 16퍼센트가 중국동포 친구와 정기적으로 만나지만, 한국인 친구와 정기적으로 만나는 경우는 없다. 서울 사는 중국동포 여성이 종교 모임 다음으로 많이 하는 사회 활동이 중국동포 동창회나 향우회에 참여하는 것이다. 중국동포 여성이 한국인 친구를 사귀기는 쉽지 않다. 대학원생인 20대 주화선 씨는 중국동포에 대한 한국인의 선입관, 그리고 부모 세대가 한국에서 겪은 나쁜 경험이 한국인 친구를 사귀는 데 영향을 준다고 했다.

"중국, 특히 연변지역은 예전에는 한국보다 많이 가난하고 낙후했잖아요. 교수님들한테 중국 동북 지역을 안내해 드리면 나오는 말이, '아, 여기에 이런 고층건물도 있네', '차도 이렇게 많이 다니네' 이런 반응을 보여요. 또래의 친구들과 평소에 이야기 나눌 때도 무심코 내뱉는 말이 있잖아요. '너희 동네는 이런 거 있어?' 뭐 이런 식으로……. 저희들은 이런 말들을 되게 민감하게 받아들이고 상처로 남게 되거든요. 이런 작은 상황들이 계속 반복되다 보니깐 처음에 당차게 포부를 품고 왔다가 실망과 좌절을 느끼고 한국에서 발전하는 것에 대해서 망설이고 방황하게 돼요."

"선입견에 대해 한 가지 더 이야기하자면, 돌봄 노동자 인터뷰하면서 많이 듣는 이야기인데, 한국인 고용주와 평소에 친하게 지낸다고 해도 뭔가 사건이 터지면 제일 먼저 의심을 받는대요. 그래서 한국 사람들한테 아무리 잘해 줘 봤자 조선족을 같은 편으로 받아 주지 않는다 이런 인식이 생기면서 악순환되는 게 우리 젊은 세대한테도 영향을 준다는 거예요. 지금 한국에서 일하는 여성이 40대에서 60대들이 많은데, 그분들의 자식이 한국에서 유학 생활 하는 사람이 꽤 많아요. 저도 한국에 온다고 했을 때 여기서 일을 하는 고모한테서 들었어요. '한국 사람들한테는 정을 줘도 돌아오는 것이 없어. 좋은 일이 생기면 너를 빼놓고 자기네들끼리 공유하고 나쁜 일이 생기면

제일 너부터 의심하거든' 이런 이야기를 어른들한테서 자주 듣고, 요즘에는 친구들과 만나도 비슷한 얘기들이 나오는 경우가 많아요. 그래서 저희 학교 같은 경우에도 조선족 학생들과 한국 학생들의 네트워크가 거의 동 떨어져 있어요. 뭐 조별 과제나 직속 선후배 모임이나 그런 경우를 제외하고 사적으로는 거의 교류를 안 해요."

대학생인 20대 허선 씨는 같은 과에 한족 중국인들이 많고 조선족은 본인만 있다고 한다. 허 씨는 한국 학생과 잘 어울리기는 하지만 한족 중국인들과 주로 어울려 다닌다. 허 씨는 한국 사회에서 중국동포가 중국인과 조선족이라는 이중적 편견에 직면한다고 보고 있다. 허 씨 표현에 따르면 이상한 책임감으로 한족 유학생의 학교생활을 지원하는 수고를 한다고 한다. 그는 본인을 포함해 젊은 중국동포 세대가 한국인과 쉽게 친해지지 못하는 이유 중 하나로 한국에서 고생한 부모님의 경험을 들고 있다.

"학교에서 선생님이 중국 애들 싫어해요. 저는 이상한 책임감이 들어요. 그러니까 중국인에다 조선족이잖아요. 두 가지 다 있잖아요. 그런데 웃긴 게 두 가지 다 편견이 많아요. 유학 온 중국 친구들이 대학 수업 소화하기 힘든 친구들이 많아요. 저의 과 같은 경우에는 제가 이상한 책임감에 단톡방에 자료를 다 번역해서 올리기도 하고, 공지를 못 알아들으니까 과 공지를 클릭해서 단톡방에 보내기도 하고."

"엄마 아빠가 옛날에 한국에서 되게 힘들게 일하셨잖아요. 솔직히, 너무 힘들게 일하셔서 자기도 모르게 한국인에 대한 적대 인식이 있는 거 같아요. 엄마 아빠가 힘들면서 좋은 사람만 만났겠어요. 나쁜 사람도 만났는데, 그러면 그 사람만 욕하겠어요. 한국 사람을 같이 욕하지요. 맨날 어릴 때부터 들어온, 한국 사람들 나쁜 사람이야. 자기도 모르게 적대 인식이 있으면서도 무서운 감각도 들 겁니다. 왜냐하면 엄마 아빠한테도 그런 거 주는데 나한테도 얼마나 가해가 될까, 이런 거 자기도 모르게 심어져 있는 것 같아요. 제가 한국에서 열심히 사니까 엄마가 한국 사람이랑 많이 어울리지 말라고, 네가 열심히 살면 한국 사람이랑 부딪치기 마련이고 그러면 네가 힘들어 진다고 했어요. 그런데 저는 힘들어진다 정도는 못 느꼈어요."

중국에서 대학을 졸업하고 한국 회사에서 일하고 있는 20대 최숙연 씨는 회사 직원을 제외하고는 만나는 한국 친구가 없다. 서울에서 만나는 친구는 중국동포인 고등학교 동창 네 명 정도이다. 이와 달리 박사과정에 있는 30대 신매순 씨는 한국에서 만나는 중국동포 친구가 없다. 재한조선족유학생네트워크나 중국유학생협회에 가입하지 않았고, 재학 중인 학교의 조선족 유학생 모임에도 나가지 않는다. 신 씨는 자신이 사회적인 사람이라고 말한다. 중국 베이징에서 대학 다닐 때는 베이징에 있는 조선족 학생들과 고향인 옌볜의 발전을 위한 활동에 적극적으로 참여할 만큼 민족성이 강하다고 자평한다. 한국에서는 조선족 유학생 네트워크에 가입해야 할 필요성이나 목적의식이 뚜렷하지 않기 때문에 참여하지 않는다고 한다. 같은 연구실의 한국인 동료와 취미 동호회 회원들과 잘 어울리면서 지낸다. 현재 한국인 선배 언니 집에서 관리비를 조금 내면서 함께 살고 있다.

중국동포 여성은 자녀가 초등학교에 들어가면 아이 때문에 한국인 엄마와 어울리기 위해 노력한다. 한국에 온지 10년 된 30대 전미향 씨는 한국 국적을 취득했고 초등학교 3학년과 2학년 그리고 네 살 된 아이를 키우고 있다. 한국에서 만나는 중국동포 친구는 있어도, 한국인 친구는 없었다. 그러나 아들이 초등학교 입학하면서 학부모와 친해져서 한국인 친구가 생겼다.

> "학교가 유치원하고 많이 떨어져 있는 곳이라 학교에 입학하고 나니 아는 친구들이 한 명도 없었어요. 저도 한국에서 생활하면서 계속 중국인 친구랑 어울렸거든요. 그래서 학부모들이랑 어떻게 관계를 처리해야 하나 고민 많이 했어요. 애를 위해서라도 이제는 한국인 엄마들이랑 친하게 지내야겠다고 마음

먹었어요. 친구들 사귀려고 안 먹던 커피도 마시고…… 얘기를 하면서 속으로는 중국 엄마라는 걸 먼저 말을 해야 하나 말아야 하나 고민을 많이 했어요. 어떤 분들은 말하지 말라고 하거든요. 저는 원래 거짓말을 잘 못하는 편이라. 그리고 말을 길게 하면 무조건 알게 되잖아요. 중국인이라는 걸 먼저 밝혔어요. 밝히고 나서 제 마음이 편해지는 거예요. 말투 숨길 필요도 없고……. 그 엄마들도 별로 티를 안 내더라구요. 같이 차 마실 때 저도 계속 불러주거든요. 나중에 친해지고 나서 얘기를 들어보니 내가 중국 엄마라는 걸 알고 너무 깜짝 놀랐다고……. 그 분이 집에 가서 신랑에게 중국 엄마 한 분 왔다고 얘기했대요. 그 신랑이 중국 엄마가 무슨 상관이냐고, 사람이 좋으면 친하게 지내라고 그랬대요. 내가 너무 고마웠어요. 지금도 그 언니랑 친하게 지내요. 진심은 통하는 것 같아요. 내가 거기서 조금 어린 편이에요. 그래서 이래저래 많이 가르쳐 줘요."

30대 김영화 씨는 서울에서 하는 중·고등학교 동창 모임에 정기적으로 참여한다. 동창회 참여 인원은 열두 명 정도이다. 김 씨는 한국인과 결혼했고 초등학생 아들이 있다. 아들이 다닌 어린이집에 중국동포 엄마가 세 명이어서 그들과 친하게 지냈다. 아들이 초등학교 들어가면서 한국 학교를 알고 싶어, 한국 학부모들과 어울리기 위해 노력했다. 친해진 학부모가 생겼으나, 지속적으로 만나는 관계로 발전하지는 못했다.

"애기 엄마들은 같은 교포들끼리 아무래도 더 잘 어울리게 돼요. 우리 애가 1학년 들어가자 한국 학교 알고 싶어서 제가 일 안 하고 따라다녔어요. 아침에 학교 데리고 갔다가 엄마들이 모여서 커피 마시더라구요. 그러면 거기 끼어서 커피 마시고. 그런데 아무래도 내가 말투 이상하다 보니까 막 나서지는 않게 되요. 듣기만 하고, 한국은 이렇구나 하고……. 친한 엄마들이 생기잖아요, 자꾸 찔리더라구요. 엄마 둘이한테 나는 중국에서 왔다고 이야기했어요. 다들 놀라더라구요. 한 언니가 굳이 티도 안 나는데 중국(동포)이라고 하지 말래요. 엄마들 편견이 생긴다고."

40대 최명희 씨는 중국동포가 많이 사는 구로에서 아이를 키웠다. 놀이터나 어린이집에 가면 중국동포 엄마가 많았고, 서로 친하게 지냈다. 아들이 중국동포 자녀가 많이 다니는 초등학교에 다녔기 때문에 중국동포 엄마와 주로 친했다. 그때 동갑내기 아들을 둔 중국동포 손화경 씨와 알게 되어 지금도 서로 왕래한다. 한국의 교육시스템을 알기 위해서는 한국 학부모와 교류해야 한다는 생각은 하지만 쉽지 않다. 서울에서 중국동포 친구는 만나지만 한국인 친구는 없다. 40대 손 씨는 고향 친구들이 한국에 많이 나와 있지만 서로 생활이 바쁘고 지방에 사는 친구들이 많아 가끔 전화 연락만 하고 있다. 그 역시 한국인 친구는 없다.

"한국 학부모하고 친하게 어울려야 학교를 잘 알게 되잖아요. 그런데 그게 좀 잘 안돼요. 뭔지 모르게 우리끼리 있으면 편안한데……. 어울리기는 어울려야 하는데 거리감이 있고."

40대 이향숙 씨는 한국인과 결혼하여 중학생과 초등학생 자녀를 두고 있다. 서울에서 중국의 동창들과 정기적으로 만나는데 열 명 정도 모인다. 중국어 개인 강사로 일하면서 교회나 학부모 모임에 적극적으로 참여하여 한국 여성들과도 친하게 지낸다.

"저는 아이들이 태어나고 클 때 다 한국 엄마들하고 어울렸어요. 그게 필요했어요. 중국 사람하고만 몰려다니면 점점 폐쇄적인 경향이 될 수 있잖아요. 아이들 교육 정보도 제가 발 빠르게 움직여서 알아내고 한국 엄마들한테 제공하고. 내가 좀 더 노력을 해야겠더라구요."

50대 김미순 씨는 아들이 중도입국 청소년이었다. 아들이 한국생활 초기에 잘 적응하지 못하고 게임만 해 걱정이었는데, 지금은 적응하여 직장에 잘 다니고 있다. 스물여섯인 아들은 만나는 친구가 다 중국인이고 한국인 친구가 없다고 한다. 김 씨 역시 중국동포가 더 친근하게 느껴진다고 한다.

"결혼해서 국적 따려고 왔구나…… 주변 사람들이 이렇게 생각을 해요. 학부모들도 처음에는 친하게 지내다가 어느 순간부터 연락이 끊기게 되요. 한국인들하고 얼핏 친한 것 같은데 벽이 있더라구요."

30대 변순화 씨는 중국동포와 한국인이 친해지는 데 어려움이 있는 이유로 문화적 차이와 상호 오해를 들고 있다.

"서로 생활했던 문화가 달라서 나의 습관대로 했는데, 한국 분들 입장에서는 '왜 저러지? 나한테 악의가 있나'라는 오해를 하고 있어요. 교양이 없어 뭐 이런 식으로 해석이 될 수 있는 거예요. 그런 부분에서 한국 사람들과 더 원활한 관계를 맺는 데 어려움이 있어요. 저희는 중국에서 오래 살아서 사람들이 음성이 높고 억양이 좀 강한 게 있는데, 그걸 공격적인 걸로 받아들이더라구요. 그래서 오해가 점점 많아지는 거예요. (한족처럼) 아예 다르면 이해를 하겠는데 (조선족은) 비슷하다고 생각했는데 다르니깐 오해가 깊어지는 것 같아요. 저희 협회에도 30대, 40대 엄마들이 있는데, 들어보면 한국인 학부모들하고 친해지기 어렵다고 많이 이야기해요. 이미 선입견이 있었고, 서로 알지 못해서 만들어지는 작은 실수들이 더 큰 오해를 사게 되는 것 같아요."

50대 문경숙 씨는 중국 동창들이 한국에 대부분 나와 있기 때문에 서울에서 동창회를 한다. 문 씨는 시민단체활동에 적극적이어서 한국인 이외에 북한이탈주민, 결혼이주여성까지 만나는 등 교류 범위가 넓은 편이다. 문 씨는 중국동포와 한국인이 좋은 관계를 맺기 위해서는 서로를 알기 위해 노력하는 자세가 필요하다고 한다. 예를 들어 문 씨는 중국에서 한국이 6.25 전쟁을 도발한 것으로 배웠다고 한다. 그래서 조선족이 6.25 전쟁에 참여한 것은 항미원조전쟁으로 자랑스러운 역사라고 배웠다. 그런데 한국에 와서 사실관계를 알고 놀랐다. 박 씨는 조선족은 한국의 역사를 배우고, 한국 사회는 조선족이 어떻게 중국에 정착하게 되었는지를 배우는 등 서로의 역사를 알게 되면 서로 이해하는 데 도움이 될 것으로 보았다.

"동창들이 다 여기 나와 있기 때문에 (중국에서) 놀 사람이 없어. 우리 고등학교 동창들도 여기서 전 학년으로 모이면 삼사십 명 쉽게 모여요. 중국 가면 열 명도 못 모아요."

"단체 이사나 활동하는 분들이 다 한국 분이잖아요. 그니까 내가 한국에 나왔다면 한국 사람 속에 어울려야 마음이 편해지더라구요. 내가 뭐 어떤 지위에 있던지 간에 알아가는 과정이고, 모르고는 아예 이 사회에서 안되겠더라구요. 알아가는 게 좋고 배워야 되는 거고. 그리고 또 하나 욕심은 어떻게 해서라도 쑤시고 들어가서 동포를 알리는 것, 우리 조선족들 이렇게 나가고 있습니다 하고. 나는 중국 사람들한테 한국 사회에 자꾸 어울려라, 동포끼리 놀면 이거는 영원히 진보 못한다, 한국 역사를 배우고 (중국동포를) 자꾸 알려 줘라 하고 해요."

50대 이용선 씨도 서울에서 고등학교 동창회를 한다. 중국에서 못 보던 동창을 한국에 와서 본다. 친하게 지내는 한국 친구는 없다. 돌보는 환자나 가족 이외에 특별히 만나는 한국 사람은 없다.

"중국은 땅 덩어리 넓으니까 동창들 시집 장가 다 가고 나면은 못 만난 사람이 많아요. 오랫동안 못 만났는데, 한국에 와서 땅 덩어리 좁으니까 보는 거예요. 다 한국에 나와 있으니까."

40대 이영래 씨는 중등사범학교 동창 45명 중 15명 정도가 한국에 나와 있으며, 1년에 한 번 정도 모임을 갖는다고 한다. 이 씨는 시민단체활동에 적극적이어서 한국인 외에 여러 나라에서 온 결혼이주여성과도 접촉이 많은 편이다.

한국 사회의 중국동포에 대한 선입견, 같은 민족으로 생각했던 한국인에게 받은 차별의 기억은 세대를 지나 각인된다. 중국동포와 한국 사회의 통합, 개인과 중국동포 사회의 발전 차원에서 한국인에게 적극적으로 다가가는 일부 중국동포 여성이 있지만 대부분은 한국인과 거리감을 가진다. 아이를 키우는 중국동포 여성은 자녀 교육 차원에서 한국인 학부모와 친해지려고 노력한다. 다행히 좋은 친구가 생기기도 하지만 그렇지 않은 경우도 있다. 중국동포 여성은 친인척 대부분이 서울에 모여 살고, 동창이나 고향 친구들도 대부분 한국에 나와 있기 때문에 특별히 한국인 친구를 사귀어야 할 필요성을 느끼지 못할 수 있다. 그리고 장시간 고된 노동으로 가족 이외의 인간관계를 맺는 데 필요한 시간적, 정서적 여유도 없는 형편이다. 그렇지만 중국동포 여성은 중국동포와 한국인이 서로를 이해하고 거리감을 좁히기 위해 노력을 하는 것이 서로에게 좋다고 생각하고 있다.

도움은 되나
장벽이 있는 공공기관

20대 초반인 박선미 씨는 중도입국 청소년 교육 지원사업을 하는 온드림교육센터를 다니고 있다. 박 씨는 엄마 친구를 통해 이 센터를 알게 되었다. 엄마 친구의 아들이 이 센터에 다녔는데 큰 도움이 되었다고 추천한 것이다. 중국 학교를 다녀 한국어를 할 줄 모르는 박 씨는 온드림교육센터에서 한국어를 배우고 있다. 그리고 이 센터를 통해 이주 청소년을 위한 무료 공공직업교육프로그램에 참여하는 기회도 얻었다. 박 씨는 온드림교육센터를 매개로 한국인을 만나고 한국 사회에 적응하는 중이다. 박 씨는 만 스물다섯 살 되는 2017년부터 연령 제한으로 센터를 이용할 수 없다고 아쉬워했다.

> "(온드림교육센터가) 도움이 큽니다. 우선은 강사 분들이 다 한국 사람들이라서 한국 분하고 직접 교류하고, 한국어도 많이 늘고 한국 사회도 좀 알게 되고……. 연령 제한이 없었으면 좋겠습니다."

자녀를 키우는 30~40대 중국동포 여성은 다문화가족지원센터를 통해 자녀 양육과 일상생활에 많은 도움을 받는다. 그런데 부부 모두 중국 국적인 중국동포 가정은 다문화가족지원센터에 회원 등록을 할 수 없다. 외국인으로 한국어나 컴퓨터 교육은 참여할 수 있으나, 정작 필요한 자녀의 언어발달프로그램을 이용할 수 없다.

한국인과 결혼한 30대 김영화 씨는 다문화가족지원센터의 다양한 프로그램을 이용하고 있다. 김 씨는 같은 어린이집을 이용하는 중국동포 여성에게 다문화가족지원센터에 대한 정보를 얻어서 회원 등록을 했다. 그리고 이 센터를 통해 국비 지원을 받는 직업훈련프로그램에 참여하여 수업료 외에 훈련을 위한 교통비까지 지원받는 등 큰 도움을 받았다. 아들은 센터에서 바이올린 수업을 받고 있는데, 프로그램 수준에 만족하고 있다. 다문화가족지원센터에서 프로그램 정보를 주기적으로 받고 있지만 좋은 프로그램은 신청자가 많아서인지 참여하기가 어렵다고 한다.

"프로그램이 있을 때마다 (다문화가족지원센터에서) 계속 문자가 와요. 저는 이용을 잘해요. 저는 되게 다문화(가족지원센터)를 좋아해요."

중국동포 부부로 한 사람이 귀화한 가정은 다문화가족지원센터의 회원이 될 수 있다. 40대 최명희 씨는 부부가 불법체류로 살 때는 센터를 이용할 수 없었지만 남편이 한국 국적을 취득하면서 회원 등록을 했다. 문화탐방과 여름캠프 프로그램에 아들과 함께 참여했다. 한국인과 결혼하여 초등학생과 중학생 두 자녀를 키우는 40대 이향숙 씨도 다문화가족지원센터를 통해 다문화 강사 자격증, 독서 지도사 자격증, 이중언어 강사 자격증 등을 취득했다. 아이들과 함께 체험학습 프로그램도 이용했다. 지금은 다문화가족지원센터에서 자원봉사를 한다. 이주여성에게 한국 생활과 자녀 교육에 대한 자신의 경험담을 들려주고 상담해 준다. 구로구에 살지 않았으나, 구로센터의 프로그램을 많이 이용했다. 중국동포 밀집 지역이어서 구로센터의 프로그램이 더 활성화된 것 같다고 말한다.

"구로 쪽에 있는 프로그램이 저한테는 더 맞았어요. 아무래도 여기보다 그쪽(구로)은 동포들이 많잖아요. 아마 정부에서 투자가 더 많은 것 같아요. 그러다 보니 프로그램도 더 활성화되고 더 다양하고, 다문화 여성을 대상으로 교사 자격증이나 취업 자격증이 활성화됐어요. 정보도 더 많이 제공받고."

40대 이영래 씨는 본인만 귀화한 경우다. 다문화가족지원센터 회원 등록을 하고 신청한 언어발달프로그램이 아들에게 도움이 되었다. 한국 국적을 취득하고서 센터에 회원 가입 신청을 하니, 처음에는 회원 자격이 안 된다는 말을 들었다.

"귀화한 후에 다문화가족지원센터에 회원 등록하러 갔지요. 그런데 거기서 외국인 부부는 귀화했어도 다문화가족이 아니라고 해요. 제가 법이 개정되었다고 했지요. 그랬더니 알아본다고 하더니 중앙에 전화한 것 같아요. 된대요. 미안하다고, 빨리 와서 회원 등록하라고. 그러고 문자가 가끔 오고 한 달에 한 번씩 프로그램 안내가 와요."

귀화 신청 중인 30대 장춘희 씨는 다문화가족지원센터나 서울시 외국인지원기관에 대한 정보를 접한 적이 없다. 중국동포가 거의 없는 동네에 살고 있어, 관련 정보를 들을 수 있는 주변의 인적 통로가 없다. 그리고 부부가 중국동포이므로 다문화가족에 해당되지 않는다고 생각한다. 다문화가족지원센터는 이주여성에게 필요한 정보를 제공하는 통로 역할을 하는데, 이곳에 연결되지 않으면 정보를 접할 기회가 희박해진다. 이주여성은 일반적으로 한국어를 배우기 위해 다문화가족지원센터를 찾게 되고, 이후 센터를 통해 필요한 정보를 접하게 된다. 반면 대다수의 중국동포 여성은 한국어를 별도로 배워야 할 필요성을 못 느끼고, 스스로 다문화가족에 해당되지 않는다고 생각하여 센터를 찾아가지 않는다. 40대 손화경 씨는 부부가 불법체류로 지낸 적이 있으며, 현재 몇 년째 귀화 신청 중에 있다. 그동안 체류 자격이 불안정하고 장시간 일을 하여 센터를 이용할 수 없었다. 40대 이영래 씨는 귀화 여부에 따라 센터 이용에 큰 차이가 있다고 한다.

"국적이 있든 없든 상관없이, 모든 외국인 주민은 다문화가족지원센터에서 한국어 공부나 컴퓨터 공부는 신청할 수 있어요. 언어발달치료나 이중언어, 이런 프로그램은 귀화자 가족이 아니면 이용 못하죠. 집으로 방문해서 한국어 가르쳐 주는 것도 귀화자 아니면 못하죠. 아이가 국적이 있는 사람에게만 해당되는 거지요. 한국어나 놀러가는 프로그램, 케이크 만드는 프로그램, 이런 일회성에 한하는 프로그램은 이용할 수 있어요. 다문화가족지원센터가 서울에 25개 구에 다 있거든요. 이게 얼마나 좋은 정보 자원인데 이게 연결이 안 돼요. 중국동포들이 연결이 안 돼요. (다문화가족지원센터에서) 문자 못 가는 이유는 이름이 안 올라갔으니 연결이 안 되죠. 도처에 자원이 널려 있는데."

30대 신매순 씨는 비자 문제로 외국인 종합안내센터 1345를 이용한 적이 있다. 한국어 서비스 대기자가 많아 중국어 서비스로 연결했다. 서비스 경험담을 들어 보자.

"다산콜센터, 외국인 1345에 전화하면 3분을 기다려야 해요. 비자 연장하는 데 어떤 서류가 필요한지, 인터넷으로 검색할 수 있지만 확실하게 하기 위해 목소리로 확인하려고요. 서류 하나라도 빠지면 거기에서(출입국관리사무소) 계속 기다려야 하니까……. 한 이틀 전화했는데 한국어 선택 안 하고 중국어를 선택하니까 연결이 되더라구요. 한국에 온 중국 사람들 거의 다 조선족이니까 한국어 서비스를 많이 이용하니까 오히려 중국어 파트는 약간 비어 있더라구요. 그래서 두 번 다 중국어 파트를 선택했어요. 그래서 중국어로 상담했는데 이 사람은 분명히 한국 사람이에요. 이야기하면 알잖아요. 한국말 해야 돼서 한국말로 했는데 이 사람 끝까지 중국말을 하는 거요. 직업적으로 반드시 중국어를 해야 한다는 그게 있는지, 좀 웃기는 상황이긴 한데 둘 다 한국말이 편함에도 불구하고 중국어를 해야 한다는 통화를 해 가지고……. 도움은 됐어요."

30대 변순화 씨는 서울글로벌센터를 이용하는데, 중국동포들이 정보 부족으로 센터나 필요한 프로그램을 이용하지 못하는 것을 안타까워했다. 출입국관리사무소가 정책이나 관련 시설을 홍보하는 곳으로 일정 부분 기능하는 게 필요하다고 제안한다.

"글로벌센터도 제가 모르고 있다가 작년부터 시작해서 조금씩 참여하고 있거든요. 그래서 보니 좋은 정책들도 많고 특히 글로벌센터 같은 경우에는 자금이 내려오니까 강사나 프로그램을 모은다면 정말 최고의 강사진을 모집할 수 있고, 장소도 무료로 제공할 수 있는데…… 동포들은 그걸 몰라서 참여 못해요. 동주민센터도 보면 일주일에 한 번씩 집에 가는 무슨 프로그램이 있대요. 한국 부모님들은 워낙 아니깐, 동포들은 아예 모르더라구요. 언젠가 알고 가면 이미 기간이 지나서 혜택을 못 받는 경우가 대다수예요. 이런 부분들에 대해서는 많이 아쉬워요."

"그러니까 정책이 전달되는 부분에서도, 우리 교포들이 한국에 들어와서 반드시 거쳐야 하는 곳이 출입국관리사무소입니다. 어떤 경우를 불문하고 꼭 가야 하는 곳인데, 요즘은 시스템이 정말 많이 좋아져서 일단 창구가 많아지기도 했어요. 그분들이 거기에 앉아서 대기하면 기본적으로 한두 시간 걸리는데, 거기에서 정말 아무런 정보도 제공 안 되더라구요. 티비도 있고 그런데…… 거기에서 우리(정부)가 이런 정책들이 있다는 소개를 해줘도 좋을 텐데, 창구에서도 이런저런 정책이나 혜택이 있다는 것을 얘기해 주면 좋은데, 전혀 없어요. 제가 한번 경험했던 것은 이사를 했는데, 전입신고를 안했다고……. 여기는 일주일 안에 동사무소 가야하고, 2주가 지나면 구청에 가야하고 한 달이 지나면 출입국사무소에 가야 하는데, 저는 잘 몰랐거든요.. 나중에 갔더니 벌금 내야 된다는 거예요. 사전에 얘기를 해주지…… 안했다고 이제 와서 벌금 내라고 그러면…… 교포들은 일부러 그러는 것이 아니라 모르고 실수하거나 혜택을 제대로 받지 못하는 경우가 정말 많더라구요."

귀화 심사 중에 있는 40대 손화경 씨는 출입국관리사무소 방문에 심리적 압박감을 느낀다. 손 씨의 귀화 면접시험 당시 경험이다.

"국적 신청을 다시 시작하면 또 2년이란 시간이 걸리는 거요. 면접이 필기시험보다 어려워요. 요즘에는 (면접에서) 엄청 떨어뜨려요. 이전에는 간단하게 몇 문제만 물어보고서 그냥 가라고 했대요. 그런데 요즘에는 안 그래요. 두 사람이 앉아서 20문제를 번갈아서 물어보는데…… 그런데 공간이 쬐끄마해서 너무 답답한 거요. 작은 데 두 명이 바로 앞에 딱 앉아가지고, 애국가 다 아는데 부르다 너무 떨려가지고……. 창문도 없고 문 딱 닫고 들어가면 나는 가슴이 답답한 거야. 앉아서 면접 보는 게 아니라 서서…… 의자 하나 없이 대기실에…… 썰렁하게…… 그런 느낌이 참 안 좋지요."

2016년 서울서베이 외국인조사에 의하면 서울에 거주하는 외국인의 5.2퍼센트가 서울시 외국인지원기관을 이용했다. 중국동포 여성의 이용률은 1.2퍼센트로 상대적으로 낮다. 한국다문화센터 모임에 정기적으로 참여하는 중국동포 여성은 5.9퍼센트이다. 서울 거주 외국인의 참여율이 7.6퍼센트인 것에 비해 낮다. 결혼이주여성이나 외국인은 한국어를 배우기 위해 다문화센터나 외국인지원기관을 처음 방문하는 경우가 많다. 그렇게 공공기관을 방문하여 한국 생활에 필요한 정보를 얻고, 서비스를 이용하는 등 선순환이 이루어진다. 중국동포 여성은 대부분 한국어를 특별히 배울 필요가 없고, 스스로 다문화 외국인이라고 생각하지 않는데다 장시간 노동을 해야 하므로 외국인지원기관을 찾지 않는다. 중국동포 거주자가 적은 동네에 사는 여성은 정보 접근성이 떨어져 공공기관을 이용할 기회에서 더 멀어지게 된다. 체류 자격도 공공시설 프로그램 이용에 장벽이 되고 있다. 다문화가족지원센터가 제공하는 이중언어 교육이나 언어발달프로그램은 중국동포에게 절실하나 자녀가 한국 국적자가 아니면 이용하기 어렵다.

03

서울 거점으로 확장과 분화하는 가족

서울을 거점으로 모이고 흩어지는 가족들

조선족이 한국으로 이주하기 시작한 지 30여년이 지났다. 이주 초기에는 가족 중 한 사람이 경제적 목적으로 한국에 왔다. 한국에 먼저 온 부모나 자녀가 자리를 잡으면서 중국에 있는 가족의 한국행이 용이해진다. 정부가 중국동포 이주 정책을 점차 완화하여 가족들이 서울에 모여 사는 것이 쉬워졌다. 2016년 서울서베이 외국인조사에 의하면 서울에 사는 한국계 중국인 여성의 80.2퍼센트가 부모와 자녀 등 가족과 거주하는 것으로 나타났다.

서울은 이제 중국동포 가족들이 모이고 흩어지는 생활 거점이 되었다. 인터뷰에 참여한 중국동포 여성 중 미혼인 두 명을 제외하고 모두 부모나 자녀, 손주가 서울에서 함께 살았거나 현재 살고 있다. 또한 서울에 사는 부모나 자녀, 형제자매를 거점으로 일부 가족들이 중국, 일본, 몽고 등을 오가고 있다. 중국동포 가족의 이주 동선은 중층적으로 바뀌고 있다. 40대 서민선 씨는 한국에서 태어난 딸을 중국 대학으로 유학 보냈다. 30대 김영화 씨도 아들을 중국으로 유학 보낼 의향이 있다. 50대 김연자 씨의 딸은 엄마가 사는 서울로 왔다가 몽고로 갔고, 다시 서울로 돌아왔다. 60대 황연숙 씨의 조카는 수술을 받기 위해 부모가 사는 서울로 왔다. 50대 문경숙 씨의 말이다.

> "처음엔 비자 때문에 부부가 한쪽이 나와요. 옛날엔 그랬어요. 근데 지금은 다 이렇게 나올 수 있는 길이 열렸잖아요. 부부가 나올 뿐만 아니라 자녀들까지 같이 나오고, 애도 여기서 낳고, 3대가 같이 살아요. 그게 이제는 되게 많아요. 옛날엔 한쪽씩 혼자 사는 게 많은데 지금은 3대가 사는 게 많고……. 옛날에는 돈 벌기 위해 나왔지만 지금은 삶이에요. 한국에 나와 있는 게, 돈 버는 것뿐만이 아니에요. 이게 자기 삶이 여기서 이어지는 것 같아요."

인터뷰에 참여한 중국동포 여성 모두 한국에 부모나 형제자매, 자녀, 그리고 친척들이 나와 살고 있다. 20대와 30대, 40대 여성 열다섯 명 중에서 부모가 한국으로 일하러 왔거나 현재 살고 있는 여성이 열세 명이다. 부모가 한국으로 일하러 온 적이 없는 경우는 아버지가 의사인 20대 최숙연 씨, 부친이 조선족 학교 교장인 30대 신매순 씨 두 명뿐이다. 이들 두 사람도 이모나 고모 등 친척들은 한국에 나와 있다.

20대 허선 씨는 부모 모두 한국에 나와 있지만 월세방을 얻어 혼자 살고 있다. 모친이 한국으로 먼저 나왔고, 몇 년 지나 부친이 한국으로 왔다. 중국으로 돌아간 부모는 이혼하고서 한국으로 다시 왔다. 모친은 중국동포와 재혼해 서울에서 산다. 허 씨는 중국에서 조부모와 지내다 고등학교 졸업 후 한국 대학으로 유학 왔다. 할머니는 중국에서 돌아가셨고 할아버지는 중국의 요양원에서 지낸다. 큰아버지와 고모, 사촌들도 한국에 나와 있다. 사촌 오빠 한 명은 일본에서 유학 중이다. 허 씨는 대학원은 일본이나 미국으로 갔으면 한다. 허 씨는 친척 대부분이 한국에 나와 있다고 한다. 아버지와는 사이좋게 지내며, 큰아버지집도 가끔 찾아간다.

20대 박선미 씨는 외할아버지, 부모와 한집에서 살고 있다. 한국에 먼저 온 부모가 중국에서 대학을 졸업한 박 씨에게 한국에 오라고 권했다. 부친은 지방의 건설 현장 일을 하고 있어 거의 집 밖에서 지낸다. 모친은 식당 일을 한다. 부모 외에 한국에 나와 있는 친척은 없다. 친할머니는 중국에서 작은아버지와 살고 있다.

20대 최숙연 씨는 식당 일을 하는 이모, 사촌언니와 한집에서 지낸다. 이모와 사촌언니가 한국에 먼저 나와 있었다. 이모부는 중국에 있고 외사촌 언니 세 명이 한국에 나와 있다. 최 씨 부친은 의사이며, 부모가 한국에 일하러 나온 적은 없다. 친오빠는 중국에 살지만 사업차 한국을 자주 방문한다. 친가 친척들은 한국에 나온 사람이 없다. 중국동포인 남자친구가 한국에 먼저 와 있었던 것도 최 씨의 한국행에 영향을 미쳤다.

20대 주화선 씨는 유학생으로 혼자 살고 있다. 대학교수인 부친이 서울에 교환교수로 나온 적이 있다. 모친 혼자 서울에서 식당 일을 6개월 하다가 힘들어서 중국으로 돌아갔다. 한국에는 고모가 나와 있다.

30대 장춘희 씨는 중국동포인 남편과 아들, 시어머니와 친정어머니 등 다섯 명이 한집에 살고 있다. 친가에서는 친정아버지가 1997년에 한국으로 왔다. 불법체류로 일하다가 자진신고하고 중국으로 갔는데, 입국 규제로 한국에 들어오지 못하고 있다. 시가에서는 시누이가 결혼이주로 1990년대 초반 한국에 가장 먼저 왔다. 남편은 귀화한 누나의 초청으로 1990년대 후반 한국에 왔다. 장 씨는 중국에서 혼인신고하고 결혼식은 한국에서 했다. 장 씨는 임신 중에 중국으로 돌아가 아들을 낳고, 아들과 함께 서울로 돌아왔다. 일하는 장 씨를 대신해 시어머니가 손자를 돌보기 위해 한국에 왔다. 친정어머니가 입주 육아 도우미 일을 하다 팔을 다쳐 당분간 일할 수 없게 되면서 장 씨 집에 와 있다. 남동생은 한족 여성과 결혼하여 중국에 살고 있다.

아버지 형제 중 살아 계신 두 명의 삼촌과 고모가 한국에 살며, 사촌 열두 명 중 열한 명이 한국에 살고 있다. 친척들이 한국에 거의 살고 있는데 입국 규제로 한국에 오지 못하는 아버지 때문에 안타까워하고 있다. 장 씨는 부모 세대가 한국에 혼자 나와 돈을 벌어 중국으로 보냈다면, 본인 세대는 자녀와 함께 한국에서 생활하는 상황으로 바뀌었다고 한다. 장 씨는 현재 귀화 신청 중에 있다.

> "옛날 사람들은 애들을 다 중국에 놔두고 나왔잖아요. 그럼 애들이 망가지는 거요, 같이 안 사니까. 할아버지, 할머니가 키우고……. 요즘 저의 세대는 애를 데리고 오죠. 이제는 여기서 살죠. 그래서 애들이 많죠. 옛날에는 돈을 벌어서 중국 쪽으로 부치는 식이라면, 요즘에는 그런 게 없고 그냥 여기서 벌어서 생활하는 거죠. 여기서."

30대 김영화 씨는 고등학교를 졸업하자마자 외숙모와 함께 1999년 한국으로 왔다. 한국인 남편과 결혼하여 아들 한 명을 낳고 살고 있다. 한국에 나올 당시 서울에 이미 정착해 있던 사촌언니가 일자리를 소개해 주었다. 한국인과 결혼한 김 씨의 초청으로 친정 부모가 2005년 한국에 왔다. 친정 부모는 경기도에 있는 식당에서 숙식하면서 6년간 함께 일하다가 중국으로 돌아갔다. 남동생은 중국에서 대학 다니다 교환학생으로 한국에 와서 대학원까지 마쳤다. 한족 여성과 결혼하여 중국에 있는 한국 회사에서 일하고 있다. 한국에는 외숙모, 외삼촌, 이모들이 살고 있다. 사촌 네 명이 한국에 살고 있고, 일본과 중국에 사는 사촌도 있다. 명절에는 서울에서 친정 친척들끼리 만난다. 부모님은 중국에서 할머니를 모시고 있어 당분간 한국으로 나오기 어렵다.

30대 전미향 씨는 친정어머니가 한국인과 결혼하여 딸인 전 씨를 한국으로 초청했다. 전 씨는 중국과 한국을 오가면서 일을 했다. 칭다오에서 중국동포와 결혼했다. 칭다오에서 사업을 하다 여의치 않자 한국으로 와 식당을 하는데 번창하고 있다. 전 씨와 세 자녀는 귀화했고, 남편은 중국 국적을 유지하고 있다. 시부모와 한집에서 살다가 분가한 지 몇 달 되지 않았다.

30대 변순화 씨는 유학생으로 한국에 먼저 왔고, 이후 부모가 한국으로 왔다. 동생은 중국에 있다. 30대 김선희 씨는 어머니가 결혼이주로 귀화한 후 딸인 김 씨를 한국으로 초청했고, 김 씨도 귀화했다. 30대 신매순 씨는 양친이 중국에 있다. 언니는 중국동포와 결혼하여 중국에 살고 있다. 부모 모두 조선족 학교 교사이며 부친은 조선족 학교 교장이었다. 부모는 관광 목적으로 한국을 한 번 방문했다. 한국에 나와 있는 친척이 있지만 만나지는 않는다.

40대 손화경 씨는 남편이 먼저 한국으로 나왔고, 얼마 후 손 씨가 산업연수생으로 서울에 왔다. 서울에서 태어난 아들과 남편, 친정어머니와 한집에서 살고 있다. 손 씨 부부보다 한국에 늦게 나온 친정어머니와 시부모는 한국에 연고가 있어 특별 귀화로 한국 국적을 취득했다. 불법체류로 있었던 손 씨 부부와 아들은 한국 국적을 취득한 부모가 있어 현재 동반 비자로 체류하고 있으며, 귀화 신청 중에 있다. 중국에는 오빠와 여동생이 있고, 한국에는 가정을 이룬 남동생과 여동생이 살고 있다. 중국에 있는 오빠와 올케는 한국 영주권자로 중국과 한국을 자주 왕래한다. 영주권을 취득한 시동생과 시누이 가족도 서울에서 아이를 키우면서 살고 있다. 한국에 사촌들이 많이 나와 있다.

40대 최명희 씨는 아버지가 한국에 먼저 나오고, 이후 최 씨가 산업연수생으로 한국에 왔다. 한국에서 10년간 건설 현장에서 용접공으로 일한 아버지는 고된 노동으로 병이 나자 한국과 중국을 오가며 살다 돌아가셨다. 최 씨는 중국동포인 남편과 한국에서 결혼하여 아들을 두었다. 남편과 아들은 한국 국적자이며, 최 씨는 영주권 신청 중이다. 시부모는 10년 넘게 한국에서 일한 후 일흔이 되자 중국으로 돌아가 살고 있다. 명절에는 시부모가 한국에 오든지, 아니면 최 씨 가족이 중국으로 가든지 한다. 친정어머니는 재외동포 비자를 받아, 모텔 청소원으로 일하면서 혼자 살고 있다. 조선족과 결혼한 여동생은 중국에서 살고 있다. 건설 현장 일을 하는 남동생은 귀화한 중국동포 여성과 결혼하여, 한국 국적을 취득했고, 아들 두 명을 낳아 키우고 있다.

40대 이향숙 씨는 한국인과 결혼한 언니가 서울에서 먼저 살고 있었다. 이 씨도 한국인과 결혼하여 한국으로 왔다. 친정어머니가 이 씨의 출산과 아이 양육을 돕기 위해 한국과 중국을 오갔다. 친정어머니는 영주권을 취득했고, 언니 집에서 살고 있다.

40대 이영래 씨는 중국에서 결혼한 후 교환 연구원으로 서울에 왔다. 그 뒤 모친과 남동생이 한국으로 왔다. 시어머니는 중국에서 산다. 이 씨는 한국에서 아들을 낳았다. 이 씨와 아들은 귀화했고, 남편은 중국 국적을 유지하고 있다. 모친은 서울에서 입주 가사 도우미로 일하고 언니는 교사로 중국에서 살고 있다.

50대 문경숙 씨는 한국에서 혼자 살고 있다. 중국에서 대학을 졸업한 아들은 중국에 있다. 남편은 1996년 혼자 한국으로 나와서 10년간 일하다가 중국으로 돌아갔다. 문 씨는 이혼 후 2010년 혼자 한국으로 왔다. 문 씨의 친정 부모는 중국에서 사시다 돌아가셨다. 큰언니 부부는 불법체류로 대구 근방 두부 공장에서 일하고 있어, 일 년에 한 번 정도 만난다. 둘째언니와 남동생은 중국에 살고 있다. 문 씨는 영주권을 얻어 한국에 체류하려고 한다.

50대 이용선 씨는 혼자 한국으로 왔다. 이 씨의 권유로 큰아들과 남편이 한국에 왔다. 남편은 경기도 요양병원에서 간병일을 하고 있어, 한 달에 한 번 집에 온다. 화물트럭 운전사로 일하는 큰아들 역시 일주일에 한 번 정도 집에 온다. 중국에서 석사과정을 마친 작은아들은 상하이에 살고 있다. 큰아들은 일본에서 대학을 다니다 경제적 어려움으로 중퇴하고 중국으로 돌아왔다. 그 뒤 중국에 있는 일본 회사에 다녔고, 회사가 문을 닫자 어머니가 있는 한국으로 왔다. 중국에서 혼자 지내던 남편은 이 씨의 간곡한 권유로 한국에 왔다. 한족 여성과 결혼한 남동생은 중국에 살면서 아픈 어머니를 돌보고 있다. 여동생 부부와 사촌들도 한국에 산다.

입주 육아 도우미 일을 하는 50대 김연자 씨는 주말에는 집에서 딸과 지낸다. 중국에서 이혼하고 혼자 한국으로 왔고, 초등학생 딸은 친정어머니가 키웠다. 딸이 중국에서 대학을 졸업하고 회사를 다니다 서울로 왔다. 서울에서 몇 달을 지낸 딸은 함께 살자는 이종사촌들의 설득에도 불구하고 서울 생활이 싫다고 몽고에 있는 회사에 취직했다. 딸은 몽고의 기후가 맞지 않아 1년 만에 다시 서울로 돌아와 명동의 화장품 가게에서 일한다. 서울에 있는 대학원에 진학하기 위해 시험 준비 중에 있다. 김 씨의 형제자매 아홉 명 중 일곱 명이 한국에 왔었다. 네 명은 한국에서 일하다가 중국으로 돌아갔고, 세 명은 현재 서울에서 자녀들과 살고 있다.

60대 황연숙 씨는 서울에 먼저 자리 잡은 남동생이 있었고, 혼자 한국으로 나왔다. 딸은 한국인과 결혼하여 서울로 왔다. 이후 남편과 아들이 서울에 왔다. 황 씨는 한국에 연고가 있어 2015년 귀화했고 남편은 중국 국적을 유지하고 있다. 내장 목수 일을 하고 있는 아들은 쉬는 날에만 집에 온다. 중국인 며느리와 손녀딸은 중국에 살며, 1년에 서너 번씩 아들이 중국으로 간다. 황 씨 남동생은 한국에서 처음 건설 현장 일을 하면서 돈을 모았다. 귀화한 중국동포 여성과 결혼하여 구로에서 약 8년간 식당을 운영하면서 많은 돈을 벌었다. 남동생은 중국 국적을 유지하고 있다. 중국동포가 운영하는 식당이 구로 지역에 많이 생기자 가족을 데리고 중국 톈진天津으로 건너가 식당을 운영하고 있다. 한국에 자주 온다. 둘째 오빠와 여동생 두 명도 자녀들과 함께 서울에 살고 있다. 큰오빠는 중국에 살고 있으나, 조카들은 결혼하여 한국에 나와 있다. 막내 남동생은 1980년대에 러시아로 장사하러 다니다가 고려인과 결혼하여 러시아에 정착하여 산다. 중국에 사는 조카가 수술을 위해 서울로 왔고, 가족들이 교대로 간병하고 있다.

60대 정경순 씨는 간병 일이 없는 날에는 교회에서 운영하는 중국동포 쉼터에서 지낸다. 남편과 20년 전 사별했고, 결혼한 딸은 중국 상하이에 산다. 중국 칭다오에서 한국 회사에 다니던 아들이 2016년 4월 아들, 딸, 부인과 함께 한국으로 왔다. 중국에서 조선족 여성과 교제한 아들은 서울에 와서 결혼식을 올렸다. 당시 사돈이 불법체류로 한국에 있어서 중국으로 갈 수 없었기 때문이다. 사돈도 서울에 살고 있다. 아들 식구와 자주 만나지는 못하고 가끔 전화로 연락한다. 한국에 오빠 가족이 나와 있어, 집안 행사가 있으면 만난다.

60대 조현순 씨는 20년 전 남편과 이혼하고, 혼자 한국으로 왔다. 그 뒤 아들이 한국으로 들어왔고, 최근에는 결혼한 딸이 손주 두 명을 데리고 한국으로 일하러 왔다. 네 식구가 지내기에 집이 좁아서 조 씨는 교회 쉼터에서 잔다. 미혼인 아들은 건설 노동자로 일하며 혼자 살고 있다. 다섯 식구가 함께 살 수 있는 집은 보증금이 비싸 따로 살고 있다. 조 씨의 형제자매 세 명은 모두 중국에 살고 있다.

자녀 양육과 교육의 어려움

서울에서 취학 자녀와 사는 중국동포 여성은 자녀의 성장 단계별로 어려움을 겪는다. 한국 국적이 없는 중국동포 가정의 아이는 정부의 어린이집 지원금을 받을 수 없다. 중국동포 여성은 한국에서 일을 해야 하므로 자녀를 맡길 곳이 필요하다. 친정 부모나 시부모가 한국에 있어도 일을 하고 있어 손주를 돌볼 수 없는 처지이다. 매달 20만 원이 넘는 어린이집 비용은 중국동포 가정에 경제적으로 큰 부담이 된다. 중국동포 밀집 지역인 구로와 영등포에 몇몇 중국동포 교회가 운영하는 보육료 반값 어린이집이 있으나, 이용하는 데 한계가 있다.

관광 가이드 일을 하는 30대 장춘희 씨는 직업상 며칠씩 집을 비울 때가 많다. 아이를 봐주기 위해 시어머니가 한국으로 왔다. 어린이집에 다니는 아들의 양육비가 경제적으로 큰 부담이 된다. 아들은 말이 늦어 언어 치료가 필요하지만 한국 국적이 아니기 때문에 다문화가족지원센터 프로그램을 이용할 수 없다. 다행히 의료보험이 있어, 아들의 언어치료 비용을 의료보험으로 해결할 수 있었다. 아들이 내년에 초등학교에 가면 경제적 부담은 줄지만 왕따를 당할까 봐 걱정이다.

> "어린이집 비용이 삼십 몇만 원 되는데 국적 없어서 전혀 지원 못 받지요. 시어머님이 애기 봐 주려고 저랑 같이 (서울) 왔죠. 애기 어렸을 때 제가 밖으로 나가고, 신랑도 일을 하니까…… 저희 어머니가 힘에 부치니 테레비를 계속 틀어주고 눈으로 애를 보니까, 애기가 대화가 안 되는 거요. 말이 너무 느려서 언어 치료가 필요했어요. 의료보험이 있어서…… 의료공단에서 지원해서 일주일에 두 번씩, 여덟 번에 사만 원 냈어요. 한 1년 동안 했어요. 많이 좋아진 거죠. 말을 아예 못했는데…… 어린이집 가고 하니까 적응도 되고…… 초등학교는 외국인이라도 의무교육이라서 부담이 덜 하죠. 초등학교 가면 애들 왕따니 뭐니 이런 게 심하다 하더라구요. 우리 아들은 자기가 한국 사람이라고 아는데, 거기다 대고 '너는 중국 사람이야'라고 하기도 그렇고 애로사항이 있죠. 상처 받을까 고민되죠. 가장 걱정되는 게 교육문제죠. 여기서 공부해야 하는데 잘 적응해 낼까……."

30대 이진숙 씨는 일곱 살 아들을 데리고 서울에 왔다. 어린이집 보육료가 부담되어 일곱 살 아들을 초등학교에 보냈는데 초등학교 4학년이 된 지금 학업을 따라가지 못해 걱정이다.

"보통 우리는 나와서 돈 벌려고 하니까 나오면 부부 간에 다 일을 하잖아요. 중국에서는 학교 늦게까지 하기 때문에 걱정 안 해도 되는데, 여기는 학교가 되게 일찍 끝나더라구요. 제가 경험이 없어가지고 일곱 살에 데려와서 어린이집은 너무 비싸서 못 보내고, 학교로 보냈어요. 그러니까 언어가 장애가 돼서 많이 고생했거든요. 지금 초등학교 4학년인데 지금도 따라가기 어려워요. 우리 동포, 부모들이 한국말을 한다고 하지만, 한국에서 배운 지식은 아니어서 조금 차별이 있는 것 같아요. 한국 분들처럼 여기저기 학원 보내려도 돈이 많이 들어가니까, 그런 거 못하고."

40대 최명희 씨는 불법체류 상태에서 아들을 키울 때 병원 갈 일 생기는 것이 가장 큰 고민이었다.

"우리 애가 여덟 살 돼서 귀화했으니까, 제일 힘는 게 의료보험이요. 어른들이 아프면 좀 참고 그러는데, 갓난애들은 아프면 병원에 안 갈 수 없으니까."

40대 손경화 씨는 2003년 서울에서 아들을 힘들게 낳았다. 아이 키우느라 2년 넘게 일을 하지 못했다. 친정어머니가 2005년 서울에 와서 아들을 봐주면서 식당 일을 시작했다. 당시 불법체류로 의료보험이 없었기 때문에 아들이 아파 병원 가는 일이 가장 큰 걱정이었다. 아들이 어린이집을 3년 다녔는데 정부 보조금을 받지 못해 한 달에 40만원씩 내는 보육료가 경제적으로 부담이 됐다. 불법체류 상태여서 아들을 초등학교 입학시킬 때 무척 힘들었다. 40대 서민선 씨는 귀화하지 않은 중국동포 자녀들이 초등학교 입학할 때 어려움을 겪는 경우를 자주 본다고 한다.

"초등학교 들어갈 때 불법체류였어요. 학교 입학 그때 진짜 힘들었어요. 학교가면 증명서를 떼 오라는 거요. 그런데 안되잖아요. 출입국 가도 안 된다, 구청에 가도 안된다. 다시 학교로 가니 동사무소에 가면 떼 준다는거요. 동사무소 가니까 또 안 떼 줘요. 남편은 그때 중국에 있었어요. 저의 (시)아버님이 한국 국적이잖아요. 어떻게든 안된다 하니, 아버님하고 같이 학교를 갔어요. 친구가 인권위에 전화를 해보라고 했어요. 교무실까지 아버님과 찾아 갔더니 그 다음 어디에서 사시냐고 주소 묻고 해서 하여튼 해결이 되었어요."

"저희가 제일 어려운 게 (초등학교에서) 아이들을 안 받아줘요.

그런 교장 선생님들이 있더라구요. 교장 역량이 부족한 거죠. 애가 지금 의무교육단계인데, 서류 몇 개가 부족하다고 안 받아주는 거예요."

초등학교 들어가면서부터는 다문화가정 자녀라고 낙인찍히거나 왕따 문제에 대한 우려가 커진다. 중국동포 여성이 자녀를 초등학교 보내면서 겪은 곤란함을 들어 보자.

"저희 딸도 초등학교 3학년까지 학교에 있는 다문화프로그램에 다 참여했어요. 교육을 받고 영화도 보고…… 4학년부터 애가 스스로 싫다고 그래요. 왜 선생님이 나한테 봉투를 따로 주고 차별대우를 하는가…… 그런 게 너무 싫대요."

"애들을 학교에 보내면 선생님들이 굳이 거기에다 국적을 적으라 하고…… 국적을 적으면 한국인데, 등본에는 귀화를 했다는 연도나 귀화 전 국적이 나오는 거예요. 그러면 바로 교포로 구분이 되는 거죠. 다문화가정인가 아닌가를 판단하기 위해 표 같은 걸주면서 조사를 하는가 봐요. 그런데 그걸 적으면 적었지 굳이 그걸 오픈할 필요까지는 없잖아요."

"다문화 가정이 사실 그렇게 낙인이 되니깐, 교사들이 조금만 말을 잘 못하면 아이들이 이상한 방향으로 생각하기든요. 예를 들어 '오늘 다문화가족 아이들은 남으세요'라는 말 한마디로 애들이 왕따가 되는 경우가 있거든요. 교사들이 감수성이 없으면 애들한테 피해가 엄청나거든요."

"애가 4학년이 되니까 나한테 그러더라구요. '엄마도 중국에 있었다고 하지 마, 굳이 안 물어보면', 이러더라구요. '왜? 지금까지 네가 중국에서 왔다고 소문 다 냈잖아. 엄마들도 다 알아', 그랬더니 '아니야, 엄마한테 그냥 안 물어보면 굳이 말하지 않아도 되잖아. 말하지마', 그러더라구요. 부끄럽구나 생각했죠."

중학교에 다니는 자녀가 있으면 한국의 여느 가정과 마찬가지로 중국동포 가정도 자녀의 학교 공부와 진학을 고민하게 된다. 중국동포 여성은 한국 교육시스템에서 학창 생활을 한 적이 없기 때문에 자녀의 학업 지도를 어떻게 해야 하는지 당혹감을 느낀다. 중학생 아들을 둔 40대 최명희 씨의 고민이다.

"제일 어려운 게 제가 여기에서 학교를 졸업 안 하다 보니, 무슨 인문을 가냐, 어디를 가냐, 이런 얘기가 무슨 뜻인지를 몰랐어요. 그리고 학교에서 점수를 매기면 중국에서는 그냥 점수만 딱 했는데, 여기선 점수 외에 또 30퍼센트가 체험 이런 거 있잖아요. 그러니까 숙제를 잘해 오면 가산점을 주고, 이걸 몰라가지고 그냥 공부 점수만 따지는 줄 알고, 너가 알아서 해라, 제가 모르니까 애한테 묻지도 못하고, 본인이 알아서 하겠지 하면서도 걱정은 되요. 여기서 학습한 한국 사람(학부모)들하고 더 친하게 어울려야 하는데 뭔가 거리감이 있어서 묻기도 그렇고……. 그걸(고등학교, 대학) 모르니까 좀 답답하지요."

2016년 서울서베이 외국인조사에 의하면 초등학교, 중·고등학교 취학연령 자녀가 있는 중국동포 여성의 48.6퍼센트, 그러니까 약 절반이 서울에서 자녀와 함께 살고 있다. 나머지 절반은 취학자녀를 중국에 두고 왔다. 학업의 연속성을 확보하기 어려워 자녀를 두고 왔다는 중국동포 여성이 59.7퍼센트로 가장 많으며, 경제적 이유로 두고 온 경우가 20.8퍼센트이다. 한국은 정규 학교 이외의 교육 환경이 열악해서 두고 왔다는 응답자도 11.6퍼센트이다.

교회 쉼터, 일터, 월세방, 전세, 자가 등 다양한 거처에서 살아가기

중국동포 여성이 서울의 비싼 주거비용에 대처하는 방식은 다양하다. 서울에 혼자 온 중국동포 여성은 교회 쉼터나 식당, 모텔, 병원, 가정집 등의 일터에서 숙식하면서 주거 문제를 해결한다. 월세방을 여러 지인과 공유하거나, 친척집에 살면서 주거비용을 아낀다.

인터뷰 당시 교회 쉼터에서 숙식을 해결하고 있는 사람으로 60대 조현순 씨와 정경순 씨가 있었다. 한국에 혼자 온 조 씨는 일하는 식당에서 숙식을 해결했고, 입주 가사 도우미 일을 하면서 서울에 별도의 거처를 마련하지 않고 지냈다. 중국에서 1년 전 딸과 손주 두 명이 서울로 오면서 교회 쉼터 부근에 월세방을 얻었다. 네 식구가 살기엔 방이 좁아서 조 씨는 교회에서 주방 일을 하면서 쉼터에서 지낸다. 건설 현장 일을 하는 아들도 따로 월세방을 얻어 지낸다. 다섯 식구가 함께 살 만한 집은 비싸서 엄두를 내지 못한다. 정 씨는 서울에 도착한 첫날 친구 집에서 하룻밤 자고, 그다음 날부터 간병사로 일하면서 병원에서 숙식 해왔다. 간병 일이 없는 날과 주말에는 교회 쉼터에서 지낸다.

한국에 혼자 온 60대 황연숙 씨도 일하는 식당에서 숙식했다. 입주 육아 도우미 일을 하면서는 교회 쉼터에서 주말을 보냈다. 2016년에 남편과 아들이 서울에 오면서 6천5백만 원으로 다가구주택 전셋집을 얻어서 세 식구가 산다.

50대 이용선 씨는 혼자 서울에 도착하여 며칠을 신촌의 한 교회에서 잤다. 연고 없이 무작정 찾아 들어간 교회였지만 개척교회라서 재워 준 것 같다고 회상한다. 이 씨는 중국동포 여성 여덟 명과 영등포에 방 하나를 얻어 살기도 했다. 방값으로 각각 월 4만 원을 냈다. 방을 공유한 사람들은 1~2주에 한 번씩 거처에 왔다. 이 씨가 지방의 공장에서 일할 때는 공장에서 마련해 준 컨테이너 기숙사에서 지냈다. 공장을 관두고 서울에 와서는 영등포에 보증금 2백만 원 월세 25만 원 방 하나를 얻어서 사촌언니와 지냈다. 2016년 남편과 아들이 한국으로 오면서 전세금이 비싼 영등포를 벗어나 경기도 군포시 금정동으로 이사했다. 반지하 다가구주택으로 방 2개에 보증금 6백만 원, 월세 30만 원을 내고 있다.

50대 김연자 씨도 식당에서 일할 때는 식당에서 숙식을 해결했다. 딸이 서울에 오면서 대림동에 보증금 3천만 원, 월세 30만 원 다가구주택을 얻었다. 김 씨는 주중에는 입주한 가정집에서 지내다, 주말에 딸이 사는 집으로 온다. 50대 문경숙 씨는 약 1년 전 방값이 비싼 구로 지역을 벗어나 광명시에 3천만 원 전세방을 얻었다. 40대 손화경 씨는 구로동에 9천만 원 다가구주택 전세로 살고 있다.

40대 이영래 씨, 최명희 씨, 이향숙 씨, 30대 장춘희 씨, 김영화 씨는 자가에서 산다. 이영래 씨는 2013년 은평구의 연립주택을 2억 3천만 원에 샀다. 최 씨는 구로동에서 전월세로 살다가 2014년 집값이 낮은 부천에 1억 7천만 원 연립주택을 구입했다. 이향숙 씨는 시댁에서 사준 아파트에서 산다. 서대문구 소재 아파트로 6억 원에 분양받았다. 30대 장 씨는 전세로 살다가 2015년 은평구 소재 연립주택을 2억 3천만 원에 취득했다. 열아홉에 한국에 온 30대 김영화 씨는 일하는 식당에서 숙식을 하거나, 공장에서 일할 때는 공장의 컨테이너에서 지냈다.

한국인과 결혼하고 월셋집과 전셋집을 전전하다 2015년 강서구 소재 연립주택을 1억 6천만 원에 샀다.

박사과정 중인 30대 신매순 씨는 학교 기숙사에서 지냈다. 학교 방침상 기숙사에 계속 살 수 없어서, 본인의 표현에 따르면 한국인 선배 언니 집에 얹혀살고 있다. 관리비만 조금 내고 있어 주거비 부담은 없다. 학사 과정 중에 있는 허선 씨는 월세 40만 원을 내고 용산구 이태원의 게스트하우스에서 지낸다. 20대 최숙연 씨는 보증금 2천만 원, 월세 30만 원을 내고 대림동 단독주택의 방 두 개짜리 집에서 산다. 이모와 사촌언니 세 사람이 사는데 최 씨는 월세를 적게 내고 있어 부담이 적다. 부모, 외할아버지와 함께 살고 있는 20대 박선미 씨는 화곡동에 있는 다가구주택에 사는데 보증금 2천만 원에 월세가 30만 원이라고 한다.

중국동포 여성은 혼자 한국에 오면 일터를 거처 삼아 숙식을 해결한다. 부부가 함께 식당이나 공장에서 숙식하면서 일하기도 한다. 교회 쉼터는 입주 가사 도우미 일이나 병원 간병 일을 하는 중국동포 여성의 주말 거처지가 된다. 남편이나 자녀가 한국에 오면 전·월세로 집을 얻어 가족이 모여 산다. 그러나 경제적 여유가 없는 경우에는 가족들이 흩어져 살기도 한다. 아이를 키우면서 한국에서 계속 살 생각이 있는 중국동포 가정은 주택 구입을 하는데, 1억 7천만 원에서 2억 3천만 원 정도의 연립주택을 취득했다.

2016년 서울서베이 외국인조사에 의하면 서울의 중국동포 여성 중 일터, 쉼터, 고시원에 거주하는 사람이 6.4퍼센트이다. 76.1퍼센트는 월셋집에서 살고 있으며, 전셋집 거주자는 14.2퍼센트, 자가에 사는 사람은 6.2퍼센트이다.

5장

민족과 국가, 경계 넘나들기

01

정체성의 재구성
삶의 시공간 변화에 따라

중국 소수민족 조선족의 정체성으로 살기

중국 조선족이 한반도에서 언제 중국으로 이주했는지에 대해서는 두 가지 논의가 있다. 조선족의 중국 이주 시점을 정묘호란1627과 병자호란1636이 일어난 17세기 전반으로까지 소급하는 학자가 있으나[20], 일반적으로 19세기 후반 구한말과 일제강점기에 중국으로 건너간 것으로 본다. 이 시기 만주로 건너간 조선인 중 1945년 광복 이후 한반도로 귀환하지 않고 중국에 그대로 남은 사람들을 조선족으로 보는 것이다.

20 정묘호란과 병자호란 두 전쟁 기간 동안 중국 동북 지역으로 끌려간 수십만 명의 조선인을 조선족과 연관하여 보는 관점임(곽승지, 2013, 『조선족, 그들은 누구인가』, 인간사랑.).

중국에서 조선족이란 명칭은 1955년 옌볜조선족자치주가 생기면서 공식적으로 사용되었고, 그 이전에는 조선인으로 불렸다. 중국에서 소수민족 조선족의 지위를 얻기 위해 당시 조선인들은 많은 노력을 했다. 조선족은 1945년 제2차 세계대전이 끝날 때까지 중국을 침략한 일본에 맞서 중국과 함께 싸웠다. 이후 국민당과 공산당 사이에 일어난 국공내전에도 참가하여 중국 내에서 중화인민공화국 건국1949에 기여했다는 평가를 받는다. 조선인의 이런 노력과 공로로 말미암아 중국 정부는 옌볜조선족자치주를 인정했고, 다민족사회인 중국에서 소수민족인 조선인은 조선족으로 불리면서 중국 공민의 지위를 얻었다.

60대 정경순 씨의 삼촌 이야기는 일본에게 나라를 잃고 중국으로 건너간 조선인이 일본과 중국, 중국 국민당과 공산당 사이에서 살아남기 위해 어떤 노력을 했는지 보여 준다. 중국 정부로부터 자치주를 얻기 위한 조선족의 노력과 문화대혁명기에 겪은 고난했던 그들의 이야기를 들어 보자.

"삼촌이 일본 학교 교장을 했어요. 교장질을 했는데 난리가 나게 되니까, 옛날에 공산당이냐 국민당이냐 일본인이냐 3개 패 있었잖아요. 일본 학교 교장질을 하니까 우리 삼촌도 이 난리에 무사할 리가 없죠. 중국 아들이 이기면 우리 삼촌을 죽일 거고, 일본 아들이 이기면 그렇잖아요. 그런데 국민당이 중간에 있어서 선택하기 힘들었죠. 우리 삼촌이 아무리 생각해도 안

되어서 공산당을 따랐대요. 자진해서 공산당 부대에 들어가서 사단장질을 했어요. 여기서는 중국의 사단장이라면 나빠하겠지만 우리 중국에서는 그게 대단한 사람이여. 모택동하고 장개석이 해방되기 전에 평화 담판 하잖아요. 모택동이 담판하러 들어갈 때 우리 삼촌이 한 개 사단을 거느리고 거기를 쭉 포위했더래요. 평화적으로 해결되니까 그 다음 우리 삼촌 고향 쪽으로 나왔어요. 왜 고향 쪽으로 왔냐하면 그때 조선 지원, 우리 집 동네에서 지원군을 만들어서 조선에 가서 조선항미원조전쟁(한국 6.25 전쟁)에 참가하고, 그 다음 우리 연변 쪽에 와서 용정시 공안국 국장질을 하다 길림성 총국장질을 했어요. 그런데 문화대혁명 때 조선 특무로 몰렸어요. 무슨 특무로 몰릴 원인도 없죠. 삼촌댁도 조선 특무로 몰려서 둘 다 감옥에 들어가 있었어요. 그래서 그 고생을 무지무지 했지."

인터뷰에 참가한 중국동포 여성은 중국에서 조선족이라는 민족 정체성에 자부심을 가지고 살았다. 민족 정체성을 유지하는 데 중요한 역할을 하는 민족 언어 사용을 위해 조선족 대부분은 초등학교부터 고등학교까지 조선족 학교를 나니고, 가정에서도 조선어를 사용했다. 30대 장춘희 씨의 말이다.

"잊지 않고 (조선족) 학교까지 세우는 게 간단한 건 아니죠. 민족성이 있는 것 같아요. 민족성이 강했죠. 아빠는 자기 앞에서 중국어 하면 싫어했어요. 우리 민족어를 놔두고 왜 중국어 쓰는가 하면서."

민족 언어를 사용하면서 쌀농사를 짓고 김치도 담가 먹는 조선족의 음식 문화도 민족 정체성을 유지하는 데 중요한 역할을 했다. 그리고 조선족끼리 혼인해야 한다는 규범도 민족 정체성을 강화하는 데 영향을 미쳤다. 40대 최명희 씨 이야기를 들어 보자.

"(하얼빈) 추운데 있다 보니까 볶아 먹는 거 많지요, 기름기 많은 거……. 예전에 할머니가 해준 절인 음식은 여기(한국)하고 거의 같고요. 조선족들은 음식을 절여 먹고, 이런 거 한족 사람들은 잘 못하지요. 한족들은 김치도 할 줄 몰라서 조선족들이 김치를 해서 팔면 사 먹고 그러잖아요. 예전에는 그분들이 (쌀)농사를 지을 줄 몰라가지고, 그분들은 옥수수나 콩 이런 걸 지어요. 그걸 팔아서 조선족에게 쌀을 사 먹고 그랬어요. 그래서 중국에 살면서 조선족인 게 되게 자랑스러워요. 왜냐면 당신네들은 모르는 거 우리는 해 먹고, 어떤 사람은 김치 먹고 싶어서 막 친해지려고 하는 분도 있고, 그분들은 튀겨 먹고 볶아 먹고 그런 거 잘 하잖아요. 우리는 조선족이다…… 자랑스러워했지요. 내가 학교 다니는 그때만 해도 무조건 조선족 학교를 다녀라, 우리 말 배워야 된다고 그랬거든요. 결혼도 중국 사람하고 못하게 그랬어요. 웬만하면 조선족끼리 하라고. 중국 사람에게 시집가는 사람도 있지만 그런 사람들은 부모들이 막 반대하고 그랬어요."

중국에서 조선족은 주류인 한족과 다른 민족 언어와 문화를 유지하고 재생산하면서 소수민족의 정체성을 가지고 살았다. 중국 정부의 소수민족 정책은 조선족이 민족 정체성을 유지하고 사는 데 영향을 주었다. 한국의 주민등록증이라 할 수 있는 조선족의 공민신분증은 이름을 한글로 표기하고, 한자를 병기한다. 민족명은 조선으로 기재되어 있다.

민족 정체성을 강화하는 데 옌볜조선족자치주의 도시 환경도 큰 영향을 미쳤다. 지린성 옌지 출신인 50대 문경숙 씨는 조선족이란 민족 정체성을 갖고 사는 게 옌볜조선족자치주에서는 당연한 것이었다고 한다. 오히려 한국에 와서 민족 정체성에 혼란을 겪었다.

"(중국에서) 나는 민족에 대해 생각 안하고 살았어요. 왜냐면 공부도 한글로 배우고 대학도 나오고 방송도 한글 방송이었어요. 소수민족 지역이라고 해서 우리는 간판도 한글이 위에 있어요. 중국말이 밑이에요. 이게 규정이지요. 공부도 한글로 배우고 방송도 한글 방송이었어요. 내가 차별 받고 산다는 걸 느껴보지 못했어요."

한족이 주류인 마을에서 자란 40대 이영래 씨는 대학 진학을 위해 옌지로 갔다. 조선어가 대부분 통용되는 옌지의 환경에서 그는 문화 충격을 받았고 민족에 대해 생각하게 되었다.

"어릴 때 한족이 훨씬 더 주류사회인 지역에서 살았어요. 조선족 향이 있긴 하지만 거의 한족들이고……. 제 기억으로 집안에서 조선말을 하고 나가서는 중국어를 하고…… 학교에서는 이중언어를 했어요. 조선족 학생이 너무 적어서 합병학교를 다닌 거죠. 한족 초등학교와 조선족 초등학교가 한 운동장을 쓰고, 한족 학교 강사들도 우리한테 와서 강의를 하고…… 연변조선족자치주와 상황이 다른 거죠. 연변조선족자치주는 사회 자체가 조선말이 주류이기 때문에 조선말을 더 많이 사용해요. 연변에 갔을 때 거기 환경에 많이 놀랐죠. 백화점에서 어떻게 조선말을 할 수 있는지…… 그 말이 서로 통한다는 게 너무 신기했어요. 거기에서 민족 정체성을 좀 고민하기도 했어요. 소위 말하는 차별 같은 거는 제 세대에서는 그렇게 심하게 느껴지지 않았고, 하지만 어머니 이야기를 들어 보면 할머니 세대 때에는 굉장히 심했다, 이런 이야기도 하고……. 저의 옆집이 바로 한족 집이었는데 서로 좋은 이웃으로 지내고, 공동으로 사는 모습에 어린 시절에 한족 조선족 구분은 있었지만 차별 이런 느낌은 별로 없었던 것 같아요."

조선족이 중국에서 차별 받았다고 말하는 60대 조현순 씨를 제외하고는 인터뷰 참가자 대부분은 조선족이라서 일상생활에서 차별 받은 경험은 없다고 한다. 중국의 최고 주류 사회에 진입하려는 조선족은 소수민족으로 차별 받을 수도 있지만, 일상에서 조선족이라 받는 차별은 거의 없다고 50대 문경숙 씨는 말한다.

"조금 잘 나가는 사람, 내가 시장, 부장, 조금 더 올라가야 하는데(생각하는), 이런 사람들은 힘들죠. 조선족으로서는, 14억에 섞여서 올라간다는 자체가, 그리고 다 줄이 있잖아요. 다 누구 줄 누구 줄 하는데, 조선족이 어떻게 그 줄에 서겠어요. 힘들지요."

20~30대 젊은 세대 역시 조선족이라는 민족 정체성을 가지고 있으나, 50~60대에 비해 중국 국민이라는 의식이 강하다. 20대 허선 씨는 자신이 중국에서 자랐기 때문에 중국인이라고 한다. 허 씨는 현재 다니는 대학에 중국동포가 3명 있는데, 모두 한국에서 자랐고 중국말을 잘 못해서 거의 한국인이라고 말한다. 조선족 부모를 두었더라도 한국에서 성장한 또래들을 자신과 구별하는 것이다. 최 씨는 고등학교까지 조선족 학교를 다녔으나, 한족이 주류인 대도시 선양瀋陽에서 자랐기 때문에 중국어가 더 편하다.

"친구들과 진지하게 이야기했어요. 조상만 따지면 한국인이죠. 친구들도 '이만하면 우리도 한국인이야' 해요. 그런데 제가 (중국에서) 20년 동안 받아온 교육, 제가 살아온 환경이 저를 만들었다고 생각해요. 이렇게 보면 한 사람을 양성시킨 나라가 중국인데 어떻게 자기가 중국인이 아니라고 부정할 수 있겠습니까. 학교에서 제가 만난 조선족이 세 명, (이들은) 거의 한국인이라고 봐요. 어릴 때부터 여기서 커 가지고, 중국말을 잘 못해요. 거의 한국 사람……. 그래서 저는 어쩔 수 없이 저는 중국말이 더 편하니까, 한족 친구들하고 어울려 사는 편이에요."

20대 박선미 씨는 옌지시에 살았지만 한족 학교를 다녔고, 조선말을 모르는 상황에서 한국말을 배우기 위해 서울로 왔다. 부모 모두 한족 학교를 다녔는데, 부친은 중국어만 알고 모친은 조선말과 중국어를 섞어 사용했다. 박 씨는 자신이 조선족이기 때문에 한국어를 배운다고 한다. 그리고 한국 드라마를 좋아하고 한국 생활이 좋아서 한국말을 배운다고 한다. 박 씨는 서울에 와서 한국인과 같은 민족이라는 느낌을 가졌다고 한다.

"(한국이) 이질적인 나라, 그런 느낌은 없고, 연길시도 한글 간판이 있으니 말할 줄은 모르지만 친숙함을 느꼈습니다. 한 개 조상이다, 같은 족이다, 그런 느낌입니다."

30대 최숙연 씨는 자신을 중국 국적을 가진 소수민족 조선족이라고 소개한다. 대학 시절 중국 학우들이 조선족에 대해 잘 몰랐지만 일본에서처럼 조선족이라 차별을 겪은 적은 없다고 했다.

한민족 정체성과 관련해 경주 최씨인 아버지가 본을 따지는 것에 대해 말한다.

"중국에서 정책상에서 조선족을 우대하는 게 많아요. 소수민족은 애를 마음대로 나을 수 있거든요. 연변조선족자치주에서는 첫째 낳고 둘째 낳으면 얼마를 지원해 준다 그런 혜택이 있어요. 차별은 없었던 것 같아요. 저는 국적은 중국 국적이고 조선족이다라고 해요. 민족으로 하면 한국은 다 같은 민족이잖아요. 중국에서 조선족을 소수민족으로 인정하잖아요. 그러니까 중국에 있는 조선족이다 이런 식으로 말해요. 민족으로 하면 한민족이고……. 학교에서 중국 애들이 저희 같은 경우에 북한에서 왔느냐고 해요. 그러면 아니라고 이야기하고, 애들이 중국에 조선족이란 게 있는 거를 몰라요. 집에 가면 너네 북한으로 가냐, 한국으로 가냐 이렇게 물어봐요. 한국은 조선족에 대해 잘 모르는 것 같아요. 아버지는 누가 최씨라면 무슨 최씨냐고 묻고 경주 최씨라면 뭐냐고 묻고 아마 경주에서 또 파생되는 것 같아요. 똑같은 거면 친척이라고 되게 좋아하고 그랬어요. 그래서 경주 최씨인 거는 알고 있어요."

한민족의 정체성을 강조하는 30대 장춘희 씨는 현재 귀화 수속을 밟고 있다. 친정과 시가 모두 경상북도에 연고가 있다. 부친은 고향인 한국에서 살아야 된다고 말하고, 어린이집에 다니는 아들은 자신을 한국 사람으로 인식하고 있기에 장 씨는 하루빨리 국적을 땄으면 한다.

"조선족 민족 정체성이 강하죠. 왜냐하면 흐르는 피가 같으니까. 중국 사람이라 하면 좀 기분 나쁠 때도 있고, 그런데 국적이 중국인이니까……. 그런데 본이 여기 있으니까……. 지금 우리 아들은 자기가 한국 사람이라고 알아요. 거기다 대고 네가 중국 사람이야라고 말하기도 그렇고, 하여튼 애로사항이 있어요. 빨리 국적을 따서 (아들에게) 한국 사람이다라고……."

30대 신매순 씨는 중국 베이징에서 대학 다닐 때 조선족 정체성이 강한 단체에서 활동했다. 본인을 포함해 옌볜을 떠나 현재 베이징, 상하이에서 살고 있는 자신의 조선족 친구들은 노후에 고향인 옌볜으로 돌아가 기여하고 살겠다는 의지가 강하다고 한다. 신 씨는 자신을 중국 조선족, 중국 사람이라고 생각하고 살았는데, 한국에 와서 정체성에 대해 혼란을 겪었다. 중국에 비해 한국의 조선족 차별이 더 심하다고 보았다.

"중국에는 소수민족이 하도 많으니까, (조선족을) 그냥 하나의 소수민족으로 인정하고, 생활하는데 차별은 없었어요. 개인적으로 소수민족이라서 차별을 느껴본 적은 한 번도 없어요. 왜냐면 정책적으로 많이 강조하거든요, 민족을 차별하지 말자고…….

베이징에서 대학교 다닐 때 베이징에 있는 조선족 학생을 모아 놓고 고향(연변조선족자치주)을 건설해야 한다는 발언을 하고 그런 프로그램을 하고 그랬어요. 민족성이 되게 강했어요."

한국에서 조선족, 중국동포, 한국인, 중국인으로 살아가기

민족이나 국민 정체성은 고정되어 있는 것이 아니라 개인이나 집단이 겪는 시공간에 따라 유동한다. 1945년 8월 이후 중국에 남은 조선인과 후손들은 소수민족 조선족이란 새로운 정체성으로 중국에서 살았다. 1992년 한중수교가 이루어지면서 한국에 연고가 없는 조선족도 입국이 가능해지자 한국으로 오는 조선족 수가 크게 늘어났다. 조선족이 들어온 지 30여년의 세월이 지나면서 조선족 대신 중국동포란 용어가 우리 사회에서 통용되는 추세이다. 중국에서는 소수민족의 정체성을 드러내는 조선족이라는 용어를 사용하는 것이 당연하나, 한국에 체류하는 경우 굳이 소수민족을 의미하는 조선족으로 부를 필요가 없다는 것이다. 공공기관에서 통용되는 용어 역시 중국동포이다. 정부의 외국인 통계에서는 한국계중국인으로 분류된다. 서울시는 한국계중국인과 한국계중국인 중 귀화한 사람을 중국동포로 정의한다[21]. 사회적 호칭은 개인과 집단의 정체성 규정에 영향을 미친다. 중국동포가 선호하는 호칭에서 중국동포의 정체성 층위가 복합적임을 알 수 있다. 2013년 설문조사에 의하면 서울에 거주하는 중국동포의 48.2퍼센트는 중국동포로 불리길 원한다. 조선족 호칭을 선호하는 사람은 14.9퍼센트, 중국교포는 13.7퍼센트, 중국인은 9.0퍼센트, 한국인은 5.6퍼센트였다[22].

인터뷰에 참가한 중국동포 여성들은 한국에 와서 조선족이라 겪은 차별의 경험을 말한다. 이들은 하나같이 중국에서 조선족이라서 차별 받은 경험이 없었다고 기억한다. 그런데 같은 민족이라 생각하고 건너온 한국에서 차별을 경험하면서 정체성 갈등을 겪는다고 했다. 옌볜조선족자치주 출신 50대 문경숙 씨와 20대 최숙연 씨가 그 경우다. 이영래 씨는 한국에서 중국동포를 외국인으로 생각하여 신분증에 한글 이름을 사용하지 않는 것에 대해 문제를 제기한다.

"(중국에서) 민족 정체성에 혼란을 가져 본 적이 없는데 한국에 발 디디니까, 민족 개념이……. 한국에서 나를 한국 사람처럼

21 서울시 외국인다문화담당과, 2015.2., 주요업무 현황.
22 서울시, 2013, 서울거주 중국동포 실태조사 및 정책 수립 연구.

대해 줄 줄 알았어요. 한국이 나와 같은 줄 알았지……. 오니까 완전 딴 나라 사람이에요."

"중국 사람은 중국에 있는 조선족, 한국 사람, 북한 사람이 같은 민족이라고 생각해요. 그런데 한국에서는 그렇게 생각 안 하는 거 같아요. 밖에서 볼 때는 저희를 같은 한민족이라고 생각하는데 (한국) 안에서는 아니다 이렇게 하는 것 같아요."

"중국에서는 신분증을 한국어와 중국글을 같이 써줘요. 자기 민족 언어를 100여 년 유지해 왔는데 여기(한국) 와서 (한글) 삭제되고 영문으로만 되는 거요, 외국인으로 취급했기 때문에……. 중국에서 영어 모르고 한글만 알아도 살 수 있었던 사람들이었는데……. 외국인등록증의 이름을 중국에서 썼던 한글 이름을 같이 넣어 주면 한국에 대한 감정이 많이 바뀔 거예요. 그니까 정체성의 문제지요."

30대 신매순 씨는 자신을 중국 조선족 혹은 중국 사람이라고 생각하고 살았는데 한국에 와서 정체성에 혼란이 있었다고 한다. 그는 자신의 존재를 잡채라는 음식으로 비유한다.

"오히려 한국이 차별이 더 심하죠. 일단은 중국에서 왔다고 말하는 순간 색안경을 쓰고 보니까……. 한국에 오니 나라가 한국이냐, 중국이냐, 한국 사람이냐, 중국 사람이냐를 많이 물어요. 그 말을 들으면 좀 혼란스럽지요. 내가 중국 사람이라고 생각한 적은 있어도 한국 사람이라고 생각해 본 적은 한 번도 없었어요. 민족은 조선 민족이잖아요. 나라가 어디 나라냐고 하면 당연히 중국 사람이라고 말하는 게 당당한 거고, 한국 사람들이 그걸 물어보는 자체가 이상한 거고, 그쪽(중국)에서는 차별 안 받고 잘 살았는데……. 왜냐면 일본 같은 경우는 국적도 안 주잖아요. 나는 더 많은 시간을 중국에서 살았으니 중국 사람인데 하지만, 시간을 거슬러 올라가면 거기는 민족의 뿌리가 있잖아요. 내가 동시에 다 존재하는 거죠. 그래서 딱 어디다라고 명확하게 얘기하기보다는 잡채 같이 섞여진……(존재다). 부모가 조선족이더라도 여기서 태어난 아이들은 한국 사람이죠."

60대 조현순 씨는 인터뷰 참가자 중 유일하게 중국에서 조선족이 차별 받았다고 말한다. 조 씨는 비슷한 또래의 중국동포 여성들이 한국에 와서 자신들이 어느 나라 사람인지 자문한다고 한다.

"(한국) 여기 와서 우리가 중국 사람인지, 한국 사람인지 모르겠다고 말들 하지요. 한국에서도 우리 인정 안 해주고, 중국에서도 차별 받지요. 우리는 도대체 어디 사람인지 모르겠다 이런 말 잘해요."

중국동포 여성은 한국에서 이중적 차별을 받는다. 조선족이란 이유로, 게다가 직업과 경제 상황에 따른 차별을 받기도 한다. 차별에 대한 대응으로 조선족 말투를 고치고 굳이 중국동포임을 밝히지 않기도 한다. 학교에 다니는 자녀가 있을 경우 한국 학부모와 어울리면서 중국동포임을 밝혀야 하는지 고민하기도 한다. 자녀들은 부모에게 중국동포라는 사실을 밝히지 말라고 요구하기도 한다.

한국에서 18년째 살고 있는 30대 김영화 씨는 스스로 밝히지 않으면 주변 사람들이 자신을 중국동포라는 사실을 인지하지 못한다고 한다. 초등학생 아들에게 엄마는 중국 조선족 출신이라고 밝혔다. 아들은 자신을 "대한민국 사람이다"라고 말했고, 엄마인 김 씨에게 중국동포임을 굳이 밝히지 말라고 요구했다.

한국에서 21년째 살고 있는 40대 손화경 씨는 현재 귀화 신청 중에 있다. 손 씨는 이제 중국에 가면 자신이 외국인이 된 느낌이라고 한다. 서울에서 태어나고 자란 중학생 아들은 현재 중국 국적을 가지고 있지만, 스스로 한국 사람이라고 주장한다. 40대 최명희 씨의 중학생 아들도 서울에서 나고 자랐다. 최 씨는 중학생 아들과 함께 고향인 하얼빈에도 몇 번 다녀왔는데, 아들은 자기 고향은 한국이고 한국이 더 좋다고 한다.

"사람들은 뭘 하러 (한국) 국적을 취득하려고 하느냐고 해요. 나는 그냥 여기서 정착하고 싶어요. 아빠가 애한테 항상 우리는 중국 사람이라고 해도, 자기는 한국 사람이래요. 중국하고 축구해서 지면 난리가 나고 중국 욕하고……. 아 인제 중국은 아니구나, 이제는 한국에서 살아야 되겠다고 결심했지요."

"중국에 있어도 그 뭐 주민등록증을 보면 조선족이라고 딱 박혀 놓았으니까, 중국에서도 우리는 중국 사람이라기보다는 조선족이라는 소수민족이잖아요. 오리지널 한족보고 중국 사람이라고 하는 거죠. 중국에 거주하는 소수민족……. 우리는 (중국) 거기가 잘 살든 못 살든 우리 고향이니까 되게 좋은데 아이는 그렇지 않은가 봐요. 자기는 (한국) 여기가 좋고 여기가 자기 고향이라고 그러고……. 그리고 우리 먹는 음식 같은 거도 안 먹는 것도 많아요."

40대 전미향 씨는 귀화했으며 아이가 셋이다. 남편은 중국 국적을 유지하고 있고, 아이들은 한국 국적이다. 중국에서 태어난 첫째 아이가 자신이 중국인인지, 한국인인지 물을 때 어떻게 대답해야 할지 혼란스러운 시기를 겪었다.

"둘째는 한국에서 낳았으니까 괜찮은데 첫째는 중국에서 태어났거든요. 계속 저한테 나는 어디에서 났냐고 물어봐요. '엄마,

나는 중국인이야, 한국인이야?' 한때는 그런 질문들이 나와서 이걸 어떻게 이야기를 해줘야 하나…… 그 당시 고민을 많이 했어요."

중국어 강사인 40대 이향숙 씨는 자녀가 초등학교 들어가면서 자신이 중국동포라고 말해 주었다. 자녀에게 중국동포임을 밝히지 않는 여성도 있다고 한다.

"아이들이 어렸을 때 엄마가 교포인지 중국 사람인지 모르잖아요. 어릴 때는 자연스럽게 키웠는데 초등학교 들어가니까 아무래도 이게 노출이 되잖아요. 아이들에게 엄마가 중국 사람이라는 걸 말했고, 중국에 대한 좋은 이미지를 많이 주입시켰어요……. 그걸 애들한테 평생 오픈 안 하는 엄마가 있어요. 아는 강사 중에 아이가 대학생인데도 (엄마가) 중국사람(동포)이라는 걸 모른대요. 그걸 왜 숨겨야 되지요? 이 동네도 교포들이 분명 있어요. 그런데 오픈 안해서 서로 모르고 지내거든요."

40대 서민선 씨는 스물다섯에 한국에 왔고 1995년 귀화했다. 최근 이주민을 대상으로 하는 법무부 교육에 강사로 참여하면서 자신의 정체성 변화를 경험했다.

"요즈음 법무부에서 하는 국적 불문, 신청자에 한해서 하는 사회통합프로그램 중 '한국 사회의 이해'라는 과목을 가르쳐요. 참여하면 체류 자격 부여에 인센티브가 있는데, 그걸 하면서 내가 한국에 굉장히 오래 살았구나, 나는 이젠 정말 한국인이구나 이런 생각을 해요. 예전에는 내가 외국인이라는 생각을 많이 하였는데, 그 분들을 보면서 내가 한국인이구나라는 생각을 새삼스럽게 하게 되더라구요."

02

국경 넘나들기 기회의 폭 넓히기

유연한 생활 전략, 가족 내 국적 달리하기

한국에서 어느 정도 생활이 정착된 중국동포 가정은 부부 중 한 사람이 한국 국적을 취득하고, 한 사람은 중국 국적을 유지하기도 한다. 부부가 국적을 달리하여 기회 선택의 폭을 열어 두는 것이다. 경제활동이 활발한 30~40대 중국동포들은 중국의 경제 성장에 대한 기대감으로 중국 국적을 유지하고 한국에서 영주권 취득을 선호한다.

30대 전미향 씨의 경우 남편은 중국 국적을 유지하고, 전 씨는 한국으로 귀화했다. 전 씨 부부는 서울과 중국 양쪽에서 식당을 운영하고 있다. 한국 국적을 취득한 전 씨는 서울에 있는 식당을 운영한다. 사업차 중국을 자주 드나드는 남편은 한국 국적 대신 영주권을 얻었다. 세 자녀는 한국 국적이다.

40대 최명희 씨는 남편이 한국 국적을 취득했고, 최 씨는 영주권을 신청했다. 아들은 한국 국적이다. 최 씨는 중국 국적 유지에 대해 장차 아들이 중국에서 얻을 수 있는 기회를 염두에 두기 때문이라고 한다. 40대 이영래 씨는 아들과 함께 한국 국적을 취득했고 남편은 중국 국적이다. 남편은 시어른을 뵈러 중국을 자주 왕래하므로 중국 국적을 유지하고 있다고 한다.

"신랑하고 애가 귀화해서 (한국) 국적이 있으니까, 나는 중국 국적을 가지고 있어 보자, 혹시라도 앞으로 아들이 중국에 진출할 수도 있고 그러니까, 아직까지는 한 사람이라도 중국 국적을 가지고 있어 보자."

60대 황연숙 씨는 한국 국적을 취득했고, 중국에서 연금이 나오는 남편은 재외동포 비자로 서울에 체류하고 있다. 황 씨의 남동생 부부도 국적을 달리하여 서울과 중국을 오가면서 사업을 한다. 재외동포 비자로 체류하고 있는 50대 문경숙 씨는 중국에서 받는 연금이 있기 때문에 한국 국적 대신 영주권만 희망한다. 문 씨는 재외동포 비자로 체류 제한을 받지 않지만 한국에서 사무직으로 일하기 위해서는 영주권이 필요하다. 40대 손화경 씨는 남동생 부부가 한국과 중국 국적을 각각 가지고 있어, 한국과 중국의 경제 상황에 따라 서울과 중국을 오가면서 식당을 운영한다고 한다.

중국어와 한국어, 이중언어 익히기

한국에서 자녀를 키우는 중국동포 여성은 자녀가 중국어를 익히도록 나름 노력하지만 쉽지 않다. 중국에서 대학을 다녀 중국어가 능통하고, 한국에서 생활이 안정된 중국동포 여성은 자녀의 중국어 학습에 적극적으로 개입한다. 중국어가 서툴고 한국에서 생활 기반이 불안정한 경우에는 자녀들의 중국어 교육 필요성은 인정하나, 개입할 여유가 없다. 한국에 사는 한족 중국인 가정의 자녀는 집에서 중국어를 하고 밖에서 한국어를 배우니 이중언어가 가능하다. 중국동포 가정은 집에서 거의 한국말을 사용하며, 모친의 모국어가 조선어이므로 중국어 가르치기가 쉽지 않다.

한국인과 결혼하여 현재 초등학생 아들을 둔 30대 김영화 씨는 아들이 어릴 때부터 중국어에 노출되도록 노력하고 있으며, 기회가 되면 아들을 중국에 있는 고등학교로 유학 보낼 수 있다고 생각한다.

> "애한테 (중국) 노래도 많이 틀어주고, 중국어를 배워주고, 학교에서 방과 후에 중국어를 배우도록 하고……. 아들이 중국어 안 배우려고 하더니, 이번에 중국 갔다 와서 중국말 배우고

싫어 하더라구요. (중국에 있는) 남동생이 (아들이) 공부 너무 잘하는 축이 아니면 고등학교 때에는 (아들을) 중국으로 보내라고, 자기가 책임지고 할 수 있다고……. 북경까지는 못 보내주고 심양까지는 괜찮대요. 저도 보내려고요. 이중언어는 아는 게 너무 유리한 거 같아요."

40대 이영래 씨는 어린이집에 다니는 아들에게 중국어를 가르치기 위해 집에서 부부가 중국어를 사용하는 한편, 아들과 비슷한 또래를 모아 중국어를 가르치고 있다. 이중언어가 중국동포 자녀에게 중요한 자원이라고 생각하며 이중언어 환경을 조성하기 위한 프로그램을 개발하려고 한다.

"(아들이) 한국말을 훨씬 잘해요. 남편과 중국말로 일부러 대화를 한다거나, 그런데 그게 한계가 있잖아요. 그래서 토요일마다 아들하고 비슷한 환경에 있는 한 살 위인 친구, 엄마가 한족이고 아빠가 조선족이라 이중언어를 잘하는데 잘 쓰지 못해요. 그래서 아이 둘을 두고 한자를 가르치고 중국어를 가르쳐요. 한 반년 됐어요. 아이들의 중국어.. 조선족 가정들이 고민을 많이 해요. 왜냐하면 한족가정들은 본인이 한국어를 외국어로 배우기 때문에 아이들에게 중국어를 더 많이 쓰지요. 이 아이들한테는 그냥 이중언어 환경이에요. 그런데 조선족들은 여기에 와서 오래 있었고, 처음에 배운 모국어가 조선말이기 때문에 일부러 노력을 안 하면 중국어를 안 하게 되죠. 그래서 저는 이것이 조선족 가족이 대응해야 할 부분이라고 생각하죠. 그래서 한중문화 활동을 하면서 중국문화에 관심이 있는 한국 애들도 같이 포섭을 하면서 우리가 가지고 있는 중국어 자원들을 잊지 않을 정도로 무언가 프로그램을 해야겠다, 그런 생각에 애네들을 실험대상으로 하고 있어요."

중국어 강사인 40대 이향숙 씨는 자녀의 중국어 습득을 위해 중국어를 직접 가르치고, 중국에도 데리고 다닌다.

"우리 애들에게 중국어를 가르치고 있어요. 애들이 중국 가서 대화할 때 한 삼분의 일은 못 알아들어요. 그래도 한국 애들보다는 잘하죠. 우리 아이들은 중국어가 올백이지요. 급수를 땄고……. 아들이 중국어 시험 보는 날에 나가면서 엄마 체면 세워 줄게, 백점으로 보답한다고 하면서……. 작년에 우리 애들하고 우리 학생들 데리고 중국에 갔어요."

40대 최명희 씨는 불법체류 시절에는 중국어 사용을 꺼려했는데, 생활이 안정된 지금은 중국어를 할 수 있다는 것이 사랑스럽다. 남편과 함께 아들에게 중국어를 가르치기 위해 노력한다.

"중국말은 어렸을 때 우리가 배워주고 중국에 자주 데리고 다니고 하면 가끔 하는데, 크면서 안 하니까 자꾸 까먹어요. 까먹어도 간단한 거는 우리가 자주 하니까 간단한 거는 알아듣고 한두 마디는 해요. 아빠가 중국말을 자주 하니까 간단한 것은 알아듣고 이게 뭔 뜻이구나 하고 움직이지요. 중국말로 일어나라 하면 일어나고 세수하라 하면 하고……. 불법으로 있을 때는 진짜 중국말 감히 막 못했는데 지금은 되게 자랑스러운 것 같아요. 뭔가 한 가지 말을 더 할 수 있잖아요. 학교에서도 중국어를 선택해서 배우도록 했고, 학교에서 배우는 거 집에서 우리가 같이 (연습)해 주고요."

30대 전미향 씨는 자녀들에게 중국어를 가르치기 위해 중국어 과외 교사를 구할 생각이다.

"저도 중국어를 가르치고 싶은데, 저희 집에서 중국어를 하지 않으니깐 마음 같이 되지 않아요. 그래서 과외선생을 청해서 중국어를 배웠으면 해요."

어디서 살 것인가, 선택과 관망하기

중국동포 여성은 연령, 자녀 양육 여부, 경제적 여건, 취업 상황, 본인과 가족의 체류 자격에 따라 향후 한국과 중국 중 어디에 정착할지 생각이 나뉜다. 서울에서 학업 중이거나 직장에 다니는 20~30대 미혼 여성은 굳이 서울에 정착할 의사가 없다. 서울에서 대학을 다니는 20대 허선 씨는 학사 과정을 마치면 일본이나 미국으로 가고자 한다. 한국에서 본인이 원하는 기업에 취업하지 않는 한 공부를 마치고 중국 상하이로 갔으면 한다.

> "(공부 끝나고) 상해로……. 저는 CJ, 제일 TV 이런데 취직하지 않는 이상 (한국) 여기에 안 살 겁니다. 제가 말하는 쪽이 중국이 다 미약해요. 일본어도 잘하고 영어도 잘하고 한국어, 중국어 4개 국어면 굶어 죽지는 않을 거 같아요."

중국에서 대학을 졸업하고 한국에서 대학원 진학을 고려하고 있는 20대 박미선 씨는 학업 이후 어디에서 살 것인지 생각한 적이 없다. 서울에서 석사과정을 마친 20대 주화선 씨는 한국에서 박사과정까지 할 계획이다. 학업이 끝난 후 결혼이나 취업을 해서 한국에 남아야 할 이유가 없으면 중국으로 갈 것 같다고 했다. 서울의 무역회사에서 5년째 근무하고 있는 20대 최숙연 씨는 중국으로 곧 돌아갈 예정이다. 양친 모두 중국에 있고, 결혼할 남자친구도 중국에 있기 때문이다. 30대 신매순 씨는 박사학위 취득 후 중국에서 자리 잡고 살 예정이다. 양친과 언니 모두 중국에서 살고 있다. 한국에서 석사과정을 마치고 중국어 학원을 운영하면서 중국동포 권익단체활동가로 일하는 30대 변순화 씨는 중국과 한국 중 어디에서 살지 아직 결정하지 못했다. 이영래 씨는 교육 수준이 높은 20~30대 중국동포 여성은 직장에 따라 정착지를 선택할 가능성이 크다고 진단한다.

> "대학을 졸업하고 석박사까지 하고 나온 엘리트층들은 한국과 중국을 다 고려하다가 어디에 직장이 더 좋으면 그쪽으로 가는 방식으로 하는 거죠. 국적 취득은 잘 안 하고……. 사실 반반 정도라고 얘기를 하죠. 한국에 온 80만 명 중에서 반은 남고 반은 갈 것이다 이런 이야기를 많이 하죠."

중국동포 부부로 한국에서 태어난 자녀가 있거나 학교에 다니는 자녀가 있으면 한국에 정착할 마음을 먹는다. 40대 손화경 씨는 불법체류 상황에서 아들을 낳았는데 그 아들이 지금 중학생이 되었다. 중국 국적자인 아들은 자신을 한국인이라고 주장한다. 이런 아들을 생각해서 손 씨는 귀화 신청을 했다. 한국에 연고가 있는 친정어머니와 시어른들은 한국 국적을 취득해 서울에 살고 있다. 40대 최명희 씨 부부도 불법체류 상황에서 낳은 아들이 지금 중학생이 되었다. 다행히 남편이 한국 국적을 취득하고 정규직으로 취업하여 주택을 구입하고 안정된 생활을 한다. 어린이집에 다니는 아들이 있는 30대 장춘희 씨는 한국 정착을 결심하고 주택을 구입했고, 현재 귀화 신청 중에 있다. 아이 세 명을 키우고 있는 30대 전미향 씨의 경우 남편은 중국 국적을 유지하고 전 씨는 한국 국적을 취득했다. 자녀 교육을 위해 서울에 정착해 살 예정이다. 어린이집에 다니는 아들이 있는 40대 이영래 씨 부부도 이 씨와 아들은 국적 취득을 했다. 이 씨의 남편은 중국 국적을 유지하고 있으나 가족이 한국에 정착해서 살 계획으로 주택을 구입했다. 이 씨가 서울에 있는 모친에게 한국에서 같이 살자고 권유하고 있으나, 모친은 아직 결정을 내리지 못하고 있다. 이 씨의 언니는 중국에 살고 있고, 현재 한국에서 일하고 있는 남동생은 중국에 정착할 생각이다. 이 씨의 외조부모 고향이 북한 쪽이어서 모친은 한국에 연고가 없다. 이 씨는 어머니가 한국 정착을 망설이는 이유가 남쪽에 연고가 없어서라고 짐작한다.

"제가 어머니 보고 한국 국적을 취득해서 나랑 한국에서 살자고 하니까 아직은 결정 못하겠다고 얘기를 해요. 본인은 조선 사람이라고 계속 이야기하면서 죽을 때에는 태어난 곳에서 죽어야지…… 이렇게 이야기를 해요."

자녀가 대학을 졸업하고 분가한 50~60대 중국동포 여성은 건강이 허락하는 한 한국에서 일하고, 일을 할 수 없게 되면 중국으로 돌아간다는 생각이다. 중국으로 돌아갈 수밖에 없는 이유로 감당하기 힘든 서울의 높은 주거 비용을 든다.

남편과 이혼하고 한국으로 온 50대 문경숙 씨는 사무직으로 일하는 한편 시민사회단체에서 활동가로 열심히 활동하고 있다. 중국에서 느끼지 못하는 활력을 서울 생활에서 얻기 때문에 서울에서 계속 살 생각이다. 중국에서 연금이 나오기 때문에 귀화하지 않고 한국 영주권을 취득하기 위해 노력하고 있다. 중국 고향에 자기 집을 두고 있다. 양친 모두 돌아가셨으며 대구에 살고 있는 큰언니를 제외하고 작은언니와 남동생, 미혼인 아들이 중국에서 산다.

"여기 생활이 오히려 내가 더 활력이 있어요. 여기엔 새로운 것들이 얼마나 많아요. 이게 새로운 도전 정신이 생겨요. 중국에 가면 뻗어서 아무것도 안 하고 싶고……. 한국에 나왔다가 중국에 가면 대화가 잘 안되요. 동창들하고도, 그 사람들 한국 못 와봤기 때문에…… 여기에 있으면 이렇게 저렇게 한국 사람이라도 만나서 이야기도 하고…… 나는 새로운 거 자꾸 듣는 게 너무 활력이 되는 거 같아요. 중국에 가면 그게 없기 때문에 나는 죽 있으려고 해요. 중국에 가면 막 질려요. 막 뭐가 서비스 안 되고 며칠 갔다 오면 머리가 부풀러져요. 내 살던 곳 아닌 것 같아요. 북한 같다고 막. 그니까 여자들이 살기에 (한국이) 되게 편해요. 나는 개인적으로 그렇게 생각해요. 건강이 따라가지 못하면 돌아가지만 건강이 받쳐주는 한은 조금 벌고 조금 더 있으려고 해요."

요양보호사로 일하는 50대 이용선 씨는 한국에서 일할 수 있는 한 한국에서 일하고, 아프면 중국으로 돌아간다고 마음먹고 있다. 본인의 경제적 여건상 한국에서 영주권이나 국적을 취득하는 게 현실적으로 어렵다고 판단했기 때문이다. 중국 회사에 가입한 개인보험이 있고, 고향에 밭과 집이 있으니 노후를 보낼 수 있다고 본다.

> "나는 F-4비자니까 장기로는 있을 수 있지요. 경제상으로 영주권 올리는 것도 그렇게 수월한 거는 아니고……. 국적 취득은 돈 벌어 놓고 장저놓은(저축) 거 있으면 좋은데…… 지금 현재로서는…… 우리 한국에 와서는 땅이 없잖아요. 내가 일 못하면 끝이잖아요. 먹을 게 없잖아요. 중국에는 우리 밭이 있거든요. 빌라 같은 단층집이 있는데 세도 안 주고 그냥 잠겨 놓고 왔어요. 늘그막에는 그래도 땅이 있는 거 그거 세 주고 쌀 받아먹을 수는 있지 않은가……. 차라리 그때 가서 확 병나면 꺼벅 죽으면 좋은데……. 내가 일할 때까지 한국에서 있는 거지요. 한국에서 그냥 살자니 진짜 피곤하게 살죠, 피곤하죠. 나는 내가 사는 게 복잡하다는 생각이 드오. 70대 부모님들은 중국에서 돌아가신 분이 많잖아요. 부모님 생각하면 내가 중국으로 돌아가야지요."

입주 가사 도우미 일을 하는 50대 김연자 씨도 일을 할 수 있을 때까지는 한국에서 머물고, 이후에는 고향으로 돌아갈 생각이다. 형제 열 명 중 한국에 사는 사람은 세 명이고, 경제적으로 여유가 있는 나머지 형제는 중국에서 살고 있다.

> "영주권이 낫지. 고향에 아파트 사 놨어요. 한국에서는 저 혼자 벌어서 집을 살 수 없잖아요. 저도 단둥에 집 사 놨으니까 나중에 늙으면 고향 가서 살면 더 나을 것 같아요. 나이 들어 여기서 일 못하면 고향으로……. 우리 엄마, 형제 동생들 다 그쪽에서 살아요. 중국 가면 먼지도 많고 중국 사람 많지요. 아직 생활하는 거 한국이 더 나으니까 아직도 한국이 더 좋아요."

60대 조현순 씨는 한국에서 살고 싶지만 본인의 경제적 여건상 영주권이나 국적 취득이 어렵다는 걸 안다. 그래서인지 일할 수 없게 되면 어쩔 수 없이 중국으로 가야 되지 않겠냐고 반문한다.

> "중국에 가면 우리 나이에는 일이 없어요. 한국이 그래도 우리한테는 도움이 많이 되죠. 잘사는 우리 언니 오빠네들은 다 중국에 있어요. 칠십 살까지는 일하려고요. 한국이 더 좋아요. 한국은 집 아파트 이런 집세가 다 비싸잖아요. 중국은 싸잖아요. 그러니까 어쩔 수 없이 그때는 중국에 갈런지는 모르겠어요. 귀화하고 싶지요, 못해서 그렇지……. 국적은 우리 생각도 안 해요. 영주권도 지금 어려워요. 우리한테 해줄 것 같지도 않고

해당될 것도 아니니까……. 우리도 국적이 있으면 대한민국의 정말로 우리도 백성이구나 인정을 받잖아요. 우리가 여기 계속 일하다가 나이 들면 연금도 있고……. 고향에 집이 없어요."

쉼터에서 지내면서 병원의 개인 간병인으로 일하는 60대 정경순 씨는 이제 한국 생활이 좋다고 한다. 정 씨는 중국에서 연금이 나온다. 간병 일을 하다 몸이 아프면 중국으로 돌아가서 쉬다가 한국에 온다. 정 씨 역시 일을 할 수 있는 한 한국에 머물고 싶다고 말한다. 결혼한 딸은 상하이에 살고 있고, 결혼한 아들은 현재 한국에서 일하고 있다. 칭다오에 아들 이름으로 75만 위안 정도의 집을 사주었다.

"(한국 와서) 3년 만에 너무 아파서 중국으로 갔어요. (간병으로) 허리 아파서 여섯 달 치료하고……. 그 다음에는 2년에 한 번 가고, 1년에 한 번 가고, 올해는 (교회) 제자반 신청해서 못 갔고……. 일은 그저 몸이 안 아플 때까지 해야 되지. 한국이 살기 더 좋아요. 기온도 한국이 얼마나 더 좋아요, 너무 춥지 않고."

산모 도우미 일을 하는 60대 황연숙 씨는 한국에 연고가 있어 2016년에 한국 국적을 취득했다. 남편은 중국에서 연금이 나와 중국 국적을 유지하고 있고 딸은 한국인과 결혼하여 서울에 산다. 황 씨는 중국에서 사는 게 불편하여 한국에서 살 생각이다. 고향에는 80평짜리 아파트를 사놓았다.

"여기 3년 있다 중국 가니까 못 살겠더라구요. (중국에서) 1년 있었는데 죽을 뻔 했어요. 먼지가 많고 심심해서……. 중국 살 때는 몰랐어요. 친구들한테 가니까 친구들은 앉아서 마작 돈내기 하느라 정신없고, 담배를 피워서 자욱하고, 거기서 구경도 못하겠지, 집에 와 있으니 심심해 죽겠지……. 이제는 (한국에서) 살아야죠, 국적이 나왔으니까. 저는 이제 중국 가 있어도 오래 있으면 벌금 내요. 우리 아저씨도 여기에 적응이 돼 가고 있죠, 같이 있어야죠. 지금 이 나이 먹고 혼자 어떻게 (중국에) 가 있겠어요."

6장

함께 살기

01

과거와 현재, 미래 잇는 포용과 통합 정책

중국 조선족 대부분은 일제강점기에 살 길을 찾아 자의든 타의든 중국으로 건너가서, 해방 이후 여러 이유로 한반도로 돌아오지 못하고 중국에 남은 한민족이다. 구소련의 고려인과 일본 재일동포의 역사적 맥락도 이와 같다. 이들 재외동포도 광복 이후 남북으로 갈라진 한반도 정치 상황에서 자유롭지 못했다. 1950년 한국전쟁을 겪은 한국 사회는 이후 40여 년 동안 내부의 정치·경제문제 앞가림을 하느라 타국에서 소수민족으로 살아가는 조선족, 고려인, 재일동포를 신경 쓸 여력이 없었다.

한국 정부는 1979년이 되어서야 중국에 남은 독립유공사 후손 귀환에 관심을 가지게 되었다. 1988년 서울올림픽 개최와 경제 성장, 1990년대 정치 민주화 발전에 힘입어 재외동포에 관심을 갖고, 재외동포 역시 한국에 관심을 가지게 되었다.

조선족의 한국행 문호는 1992년 한중수교 체결로 조금 열리기 시작했으나, 처음에는 한국행이 쉽지 않았다. 인터뷰에서 드러나듯 1990년대와 2000대 초반에 들어온 중국동포 여성들은 한국으로 오기 위해 많은 빚을 졌고, 그 빚을 갚기 위해 불법체류를 할 수 밖에 없었다. 1999년 재외동포법이 만들어졌으나 중국 조선족은 재외동포에서 배제되었다. 당시 제정된 재외동포법은 한민족으로서 조선족의 과거와 현재 상황을 살피지 못했다. 미래를 보지 못한 근시안적 법제도로 중국동포 관련 정책의 첫 단추가 잘못 꿰어졌다고 할 수 있다. 2001년 재외동포법은 평등 원칙에 위배된다는 위헌 판결을 받았다. 이후 조선족도 재외동포로 인정받지만 우리 정부는 중국동포를 외국인 노동인력 관리 차원으로 주로 접근했다.

우리 사회가 한민족을 강조하지만 이는 한국 국민에 한정된 배타적 민족주의에 기인한다. 거주하는 국가의 경제력에 따라 동포를 차별하는 협량한 정책을 중국동포에 적용한 것이다. 중국에서 소수민족 조선족 정체성을 유지하면서 살아온 중국동포는 한국에 와서 국민과 민족 정체성의 불일치로 갈등을 겪는다. 한민족 공동체 차원의 포용과 통합 정책으로 이런 갈등을 완화하는 것이 사회와 개인 모두에게 도움이 된다고 본다.

한국에서 정치학 석사과정을 마친 30대 변순화 씨는 중국동포가 가진 잠재력을 한국 정부가 잘 활용할 필요가 있다고 말한다.

"동포라는 단체가 어떻게 보면 특수하고 유능한 집단인데 이 단체를 한국에서 너무 방치하고 있다는 생각이 들어요. 중국 쪽에서는 소수민족을 유지하기 위한 부분이 있거든요. 물론 어느 정도 통합을 위한 정책도 포함되어 있지만……. 한국 같은 경우는 한국에 와 있는 중국 사람들을 활용하려고 하지 않는 것 같아요. 충분히 활용하면 한국에도 도움이 많이 될 수 있는데……. 왜 딱 잘라서 한국인이다, 중국인이다라고 가르려고 하는지 이해가 잘 안되지요. 중국동포의 영향력을 한국에서 무시할 수 없게 되는 시기가 곧 올 거라고 봅니다."

체류 자격 규제 완화와 차별 철폐

2001년 위헌 판결을 받은 재외동포법이 개정되면서 중국동포도 재외동포 자격을 얻게 되었으나, 재외동포 비자를 받기가 쉽지 않았다. 중국동포가 현실적으로 재외동포 비자를 받기 어렵다는 문제가 제기되자 정부는 2007년 중국동포 방문취업제를 도입했다. 이 제도로 한국에 연고가 없는 조선족의 취업 기회가 확대되었으나, 입국자 수는 제한되었다. 한국인 노동자를 구하기 어려운 지방의 제조업체, 농축산가, 돌봄 직종에 일정 기간 근무한 중국동포에 한해 방문취업 비자를 재외동포 비자로 바꾸어 주고, 대학 이상 학력자 역시 재외동포 자격을 부여하는 등 체류 자격 요건이 조금씩 완화되고 있다.

2007년 이후 체류 자격 요건이 점진적으로 완화되면서 미등록체류자(불법체류자) 수가 크게 줄었다고 중국동포 여성들은 말한다. 인터뷰에 참여한 중국동포 여성 중 미등록체류자는 없었으나, 그들은 한국 정부가 체류 자격 규제를 완화하여 중국동포를 포용하고 한국 사회에 통합할 수 있도록 해야 한다고 말을 모은다. 방문동거 비자로 살고 있는 40대 손경화 씨 사례를 보자.

1996년 산업연수생으로 한국에 온 손경화 씨는 20년 넘게 서울에서 살고 있다. 부부가 불법체류로 있으면서 2003년 서울에서 낳은 아들은 중학생이 되었다. 손 씨의 친정어머니와 시부모는 한국에 연고가 있어 2006년 한국 국적을 취득했다. 손 씨 남편은 2009년 불법체류 단속에 잡혀 중국으로 추방되었다가 2010년 한국에 재입국했다. 손 씨의 친정어머니와 시부모가 한국 국적을 취득했기 때문에 손 씨 부부와 아들은 현재 방문동거 비자를 받아 살고 있다.

손 씨는 2013년부터 한국 국적 취득 신청을 했지만 여의치 않다. 1996년 위조 여권으로 한국에 입국했고, 장기간 불법체류 상태로 지냈기 때문이다. 한국 국적 취득을 위해 들어간 경비가 천만 원이 된다. 손 씨는 중학생이 된 아들을 위해서라도 한국 국적을 취득하는 게 절실하다. 서울에서 태어나고 자란 중학생 아들은 자신을 한국인이라고 생각하는데, 학교나 학원에는 외국인으로 등록되어 있어 일상생활이 불편하다. 방문동거 비자는 취업을 할 수 없다. 현실적으로 일을 해야 먹고살 수 있는 상황에서 손 씨가 선택할 수 있는 일자리는 식당에서 일용직으로 일하는 것이다. 취업을 하면 안 되는 상황에서 일을 하기 때문에 손 씨는 심적으로 늘 불안하지만, 일용직 식당 일이라도 해야 가족이 살 수 있다. 일을 해야만 하는 손 씨는 상황에 따라 중국으로 추방될 위험이 늘 잠재되어 있다. 손 씨처럼 부모가 한국 국적을 취득하여 가족들이 한국에 정착하거나, 불법체류 상태로 지내기는 했어도 한국에서 20년 넘게 살면서 아이를 낳고 가족을 이룬 경우에는 국적을 취득할 수 있도록 긍정적으로 검토하는 것이 필요하다.

정부는 국내 노동시장 상황에 따라 중국동포 체류 자격에 새로운 규제를 만들고 수시로 변경하는 정책을 전면적으로 검토할 필요가 있다. 체류 자격을 규제하는 것이 정부의 의도를 실현하기보다 오히려 개인과 사회에 비용 부담을 발생시키는 것이 아닌지 따져 봐야 한다. 예를 들면 방문취업 비자로 입국한 중국동포들이 재외동포 자격을 얻기 위해서는 국가기술자격증을 취득해야 한다. 중국동포들은 돈과 시간을 들여 학원을 다니고 국가기술자격증을 얻지만, 자격증을 얻은 분야에서 일을 하기는 어려운 것이 현실이다. 이런 규제로 정부가 애초 의도한 바를 이루었는지, 아니면 불필요한 사회적 비용을 발생시킨 건 아닌지 검토해야 한다.

일제강점기와 1950년 한국전쟁 이후 미국 등 경제 선진국으로 살길을 찾아 떠난 재외동포들이 경제 성장을 이룬 한국으로 이제 기회를 찾아 돌아오고 있다. 전 지구적 한민족 공동체 지향 차원에서 재외동포가 가진 국적에 따라 한국 체류 자격을 차별하는 제도가 과연 바람직한지 생각해 보자. 경상북도에 연고가 있는 부모를 따라 1994년 입국하여 1995년 귀화한 40대 서민선 씨는 중국동포 체류 자격 규제 완화가 물질적 지원보다 더 중요하다고 말한다.

"부모들의 체류 자격이 애들한테 영향이 돌아가거든요. 나는 물리적인 지원보다도 그런 차별 정책만 없었으면 해요. 지금 실제로 방문취업 비자를 계속 두는 이유가 우리들이 내국인들의 직업을 잠식한다는 논리가 있잖아요. 그게 동포들한테 꼭 해야 되는가 싶어요. 저희가 제일 어려운 게 학교에서 아이들을 안 받아줘요. 그런 교장 선생님들이 있더라구요. 개인적으로 이 비자가 아직도 있다는 자체가 잘못되었다고 생각해요."

한국에서 박사학위를 받고 2016년 귀화한 이영래 씨는 중국동포 체류 자격을 재외동포 자격으로 통일하는 것이 사회 통합 차원에서 도움이 된다고 말한다.

"안타까운 것은 한국에서 돈을 벌고 살고 있으면서도 불구하고 한국에 대해서 굉장히 안 좋은 감정을 가지고 있는 사람들이 많아요. 그거는 여태까지 정책 지원도 많이 해주고 그랬는데 뭐가 문제일까……. 내가 생각하기에는 아직도 차별 정책을 하고 있기 때문이지 않은가……. 재외동포법이 제정되었을 때 (중국동포에게) F-4를 주어야 했는데…… 지금도 비자가 H2(방문취업)비자, F-4(재외동포)비자로 구분되고 되어 있기 때문에…… F-4로 통일하자는 거죠. 단순직도 거기에 다 풀어주고…… 그러면 반한 감정들이 다 해소가 될 거에요."

외국인 등록증에 한글 이름 적기

중국에서 한글로 된 공민신분증을 사용한 중국동포는 한국 정부가 신분증으로 발급해 준 '외국국적동포국내거소신고증'에 불편한 감정을 가진다. 이름이 영문으로만 적혀 있기 때문이다. 40대 이응래 씨는 한글로 표기된 이름을 갖는 것은 정체성의 문제와 직결되므로 중국동포가 우선적으로 요구하는 사항이라고 한다.

"외국인 등록증의 이름을 중국에서 썼던 한글 이름이랑 같이 넣어주면 한국에 대한 호감도가 굉장히 많이 바뀔 겁니다. 제가 출입국에서 봉사할 때 (영문이름) 대신 써준 적이 있어요. 60대, 70대, 50대도 영어 이름이 너무 어려운거에요. 중국에서 영어를 모르고 한글만 알아도 살 수 있었던 사람들이었는데……. 지금 (중국동포에게) 물어보면 다 알아서 먹고살 수 있습니다. 그것만 고쳐주세요 이런 이야기를 해요. 그니깐 정체성 문제죠. 영문과 한글 이름을 같이 달라…… 한글 이름을 달라는 것은 공동의 요구 사항이에요. 그러면 한국에 대한 애착도 더 커질 수 있어요."

생활 지원 서비스의 접근성 높이기

한국 정부의 외국인 생활 지원 사업 대부분은 한국인과 외국인 배우자로 이루어진 결혼이주 가정에 치중되어 있다. 서울의 중국동포 중 혼인을 통한 귀화자, 또는 결혼 이민자 자격으로 체류하는 사람은 7.5퍼센트 수준으로 결혼이주자 비중이 낮은 편이다. 서울에 사는 중국동포의 88퍼센트는 한국계 중국인, 즉 중국 국적자이다[23]. 2017년 서울서베이 외국인조사에 의하면 한국계 중국 여성의 80퍼센트가 가족과 거주하고 있다. 취학연령 자녀가 있는 여성의 경우 서울에서 자녀와 함께 살고 있는 여성이 49퍼센트로 절반에 이른다.

중국동포의 한국 이주 경향은 2000년대 초반까지는 부부 중 한 명, 또는 부부가 자녀를 중국에 두고 한국에 나와 경제활동을 했다. 그러나 2000년대 후반부터는 가족 단위로 이주하여 한국에서 함께 생활하는 추세이다. 30대 장춘희 씨는 어린이집에 다니는 아들을 키우고 있다. 장 씨는 부모 세대와 본인

23 서울통계정보시스템, 2015, 법무부 출입국외국인정책본부.

세대의 한국 이주 방식이 달라졌다고 말한다. 부모 세대가 한국에 홀로 나와 돈을 벌어 중국으로 보냈다면, 본인 세대는 한국에서 자녀를 키우면서 돈을 벌고 한국에서 쓰는 생활로 바뀌었다고 한다. 50대 문경숙 씨는 중국동포에게 이제 한국은 돈을 버는 장소일 뿐만 아니라 가족의 삶이 이어지는 장소라고 말한다.

중국동포에게 서울은 개인 단위의 경제활동 장소를 넘어서서 가족을 일구는 삶의 터전이 되었다. 중국동포 간에 혼인하는 경향이 있고, 중국동포의 결혼이주자 비중이 낮은 점, 중국동포의 한국 이주 단위가 가족 단위로 변하는 점, 장기 거주자가 늘어난다는 점에서 중국동포에 대한 생활 지원 서비스를 확대하고 접근성을 높일 필요가 있다.

30대 변순화 씨는 중국동포가 이용할 수 있는 생활 편의시설이 서울에 많으나 정보가 부족해서 이용 못하는 경우가 많다고 지적한다. 서울에는 동주민센터를 비롯해 지역마다 복지 시설, 다문화가족 지원센터, 여성직업훈련기관, 서울글로벌센터, 평생교육기관, 취업지원센터 등 다양한 주민편의시설이 있다. 서울시가 외국인으로 등록된 중국동포도 이러한 편의시설을 이용할 수 있도록 문호를 넓히고 시설 이용 정보를 적극적으로 제공하기만 해도 중국동포의 서울생활에 도움이 될 것이다. 한국에 온 중국동포는 누구나 출입국관리사무소를 들러야 한다. 출입국관리사무소를 통해 지방정부가 제공하는 생활 편의 서비스 정보를 제공하는 방법을 모색할 필요가 있다.

02

서로 다가가기

한국인들은 대부분 미디어를 통해 부정적인 중국동포 이미지를 접하게 된다. 방송이나 신문 같은 대중매체에서는 중국동포가 연루된 범죄 사건에 대해 중국동포라는 수식어를 빠지지 않고 붙인다. 이는 범죄율과 상관없이 사람들로 하여금 중국동포를 잠재적 범죄자로 여기는 데 영향을 준다. 영화에서도 중국동포가 범죄자로 자주 묘사되기도 한다. 영화 〈미씽: 사라진 여자〉의 주인공은 중국동포 여성으로 가정집에서 아이 돌봄 일을 한다. 입주 가사 도우미 일은 중국동포 여성들이 많이 하는 일이다. 이 영화는 아이 돌봄 일을 하는 중국동포 여성을 불안하고 의심스러운 눈으로 보는 데 일조한다. 흥행에 성공한 〈청년경찰〉에서는 중국동포를 범죄자로 설정하고, 중국동포가 많이 사는 대림동을 범죄 지역으로 묘사하고 있다. 실화를 기반으로 했다는 영화 〈범죄도시〉도 중국동포 조직폭력배를 다루며, 중국동포가 밀집한 가리봉동을 위험 지역으로 묘사한다. 중국동포 이미지를 개선하기 위해 시민단체에서 활동하는 문경숙 씨의 이야기를 들어보자.

> "〈미씽〉이라는 영화가 나왔어요. 그거 때문에 댓글 또 난리더라구요. 조선족 보모는 둘 게 아니다, 가정부는 없애야 한다고……. 물론 영화는 나갈 수 있겠는데 어떤 각도로 어떻게 치는가가 중요하지요. 우리 노력 중에 있어요. 그 영화를 보고 토론회를 하든지, 발표를 하든지, 법적으로 해결하는 것 보다 동포 사회에도 저런 단체가 있어서 견제하고 있구나를 좀 알리고 싶은 욕심이 있어요. 보람도 있고요."

한국인 대부분은 중국동포가 역사적으로 어떤 과정에서 형성되었는지, 그들 삶의 궤적에 대한 이해가 부족하다. 우리 사회에 새로이 편입된 중국동포의 삶을 총체적으로 이해할 수 있는 정보가 미흡하기 때문이다. 중국동포가 직면한 시대적 상황과 삶을 진지하게 조명하는 프로그램을 다루는 대중매체는 거의 없다. 대중매체에서 부정적으로 부각되는 중국동포 이미지는 중국동포에 대한 편견을 강화시키는 측면이 있다. 어느 집단에서든 범죄는 일어날 수 있기 때문에 중국동포를 범죄자로 다루는 드라마가 만들어질 수는 있다. 그러나 우리 사회에 막 자리 잡기 시작한 특정집단에게 부정적 이미지를 지속적으로 덧씌워 상업적으로 소비하는 행태에 대해서는 진지하게 논의할 필요가 있다.

중국동포를 이해하기 위한 한국 사회와 한국인의 관심과 노력은 거의 없는 편이다. 반면 중국동포는 한국에 살면서 자연스럽게 한국 사회와 문화를 이해하고 적응해 나가려 한다. 영역 기득권을 주장하는 자와 그 영역에 진입하려는 이주민 사이에서 나타나는 현상이라 할 수 있다. 중국동포 여성은 문화 차이를 예민하게 포착한다. 30대 변순화 씨의 이야기를 들어 보자.

"한족과 달리 동포는 동포니깐 비슷하다고 생각했는데, 아니네라는 생각을 하지요. 기존에 서로 생활했던 문화가 달라서 그냥 나의 습관대로 했는데 한국 분들의 입장에서는 '왜 저러지? 나한테 악의가 있나'라는 오해를 하고 있어요. '교양이 없어' 뭐 이런 식으로 해석이 될 수 있는 거예요. 그래서 한국 사람들과 더 원활한 관계를 맺는데 어려움이 있어요. 말하는 억양이나 단어에 대해서도 그래요. 사실 그런 뜻이 아닌데, 듣는 사람 입장에서는 '재는 왜 저런 말을 하지?'라고 반응을 하더라구요. 저희는 중국에서 오래 살아서 사람들의 음성이 높고 억양이 좀 강한 게 있는데, 그걸 공격적인 걸로 받아들이더라구요. (한족처럼) 아예 다르면 이해를 하겠는데 (조선족은) 비슷하다고 생각했는데 다르니깐 오해가 깊어지는 것 같아요. 저희 협회에도 엄마들(주로 30~40대)이 있는데 한국인 학부모들하고 친해지기 어렵다고 많이 얘기가 나와요. 이미 선입견이 있었고, 서로 알지 못해서 만들어지는 작은 실수들이 더 큰 오해를 사게 되더라구요."

중국에서 조선족 학교를 다닌 30대 변순화 씨는 학교에서 조선족과 한반도의 역사를 제대로 배우지 못했다고 한다. 변 씨는 역사 교육 프로그램이 중국동포 역량 강화 차원에서 중요하다고 언급한다. 20대 최숙연 씨는 중국동포단체에서 진행한 역사 프로그램이 도움이 되었다고 하면서, 한국 사람들도 조선족의 역사를 알면 좋을 것 같다고 말한다. 50대 문경숙 씨는 한국에 와서 새롭게 알게 된 역사적 사실을 말하면서 한국인과 중국동포가 서로 이해하기 위해서는 상호 노력이 필요하다고 말한다.

"중국 같은 경우는 교과서에서 조선역사를 배울 수 있는 부분은 딱 두 페이지거든요. 역량강화 프로그램으로 작년부터 역사 교육을 시작했어요."

"역사적으로 조선족이 어떻게 해서 거기(중국)로 갔는지, 나라를 배반하고 간 것도 아닌데, 억지로 그렇게 간 건데, 그니까 자꾸 적개심을 갖는 것도 모르기 때문에……. 6.25 전쟁도 중국에서 배운 거는 한국이 전쟁 도발자라고 배우기 때문에 우리는 자랑스러운 역사로. 그런데 한국 분들은 우리가 총 들고 싸웠기 때문에 삼팔선이 생겼다 이러잖아요. 이걸 서로 모르는 거예요. 나도 한국 와서 깜짝 놀랐어요. 이거 북한이 전쟁을 일으킨 것도 모르고……. 항미원조전쟁(6.25 전쟁)때 돌아가신 분들을 기리는 활동에 한국 사람들이 보는 관점과 우리가 다르다는 것을……. 그래서 내가 느꼈어요. 아 이거 서로 모르는 면을 알려주고 서로 알아야 돼. 그래서 나는 동포에게 한국사회에 자꾸 어울려라, 동포끼리 놀면 영원히 진보 못한다. 한국 역사를 배우고 자꾸 알려줘라 해요."

공존과 상생에서
현재와 미래 희망 찾기

중국동포 여성의 개인과 가족사를 들으면서 지난 100여년 한반도와 중국, 일본이 얽힌 근대사가 생생하게 체감되었다. 한편 여든아홉에 돌아가신 어머니의 생애와 가족사가 겹쳐지면서 자세하게 묻고 기록하지 않은 것을 후회했다. 1925년생인 어머니는 경남 합천이 고향이다. 일제 식민치하에 외할아버지는 살 길을 찾아 가족을 데리고 일본 히로시마로 건너갔다고 들었다. 어머니는 히로시마 원자폭탄에 가족 대부분을 잃었다. 해방이 되고 어머니는 살아남은 할머니(나의 외증조할머니)와 손아래 장조카를 데리고 부산으로 돌아와 정착했다. 1950년 한국전쟁이 나자, 집안에 남은 하나뿐인 장조카를 어머니가 밀항으로 히로시마에 보냈다고 들은 적이 있다. 철수라고 불리던 어머니의 장조카는 그렇게 일본에서 재일동포로 살아가게 되었다. 장조카가 일본인과 결혼하여 집안 제사를 제대로 모시지 못하는 것에 대해 아쉬워하던 어머니 모습이 희미하게 떠오른다. 친가에서도 아버지 형님 한 분이 오사카에서 재일교포로 사시다 돌아가셨다. 재일교포이신 큰 어머니는 현재 생존해 계시는데 아버지 대에서 유일하게 살아 계신 집안 어른이다. 어른들이 살아 계실 때는 1~2년마다 왕래가 있었다. 재일교포 2세인 네 명의 사촌들과는 말이 서로 잘 통하지는 않았지만 우리 형제들과 나이가 비슷해서 잘 어울려서 놀았다. 친족이 아닌 재일교포를 처음 만난 곳은 대학 기숙사였다. 재일교포 유학생인 그 선배는 한국 사람이 왜 한국말을 잘하지 못하느냐는 한국인의 핀잔을 들으면 당황스럽다고 했다. 재일교포 사촌을 둔 나는 그 선배의 처지에 어느 정도 공감했다. 일본에서 정체성 문제를 겪은 제일교포 2세들은 스스로 찾아온 부모의 나라에서도 이해받지 못하여 혼란스러웠을 것이다. 최근 조명된 1970~1980년대 재일교포 유학생 간첩단 조작 사건을 보면서 우리 사회가 그들을 얼마나 모질게 대했는지 마음이 매우 아팠고 분노가 일었다. 중국동포 여성 연구 중에 새롭게 알게 된 가족사가 있다. 외할아버지의 남동생, 즉 어머니의 작은아버지 가족은 만주로 갔고 해방이 되자 이들 가족은 고향으로 무사히 돌아왔던 것이다. 계속 만주에 머물렀다면 나는 재일동포와 함께 중국동포 친척도 두었을 것이다.

2019년 올해는 대한독립 3.1 만세운동과 대한민국 상해 임시정부 수립 100주년이 되는 해이다. 일제 식민치하에서 먹고살 길을 찾아, 또는 독립운동을 위해 많은 사람들이 한반도를 떠나 중국과 일본, 러시아, 하와이, 아메리카 대륙 등으로 갔다. 해방이 되자 떠난 사람 일부는 한반도로 귀환했고, 일부는 타국에 눌러앉았다. 1945년 짧은 해방의 환호 이후, 한반도는 이념 갈등으로 사회 상황이 극도로 불안정해졌다. 이어 1950년 한국전쟁이 터지면서 우리 사회는 동족상잔이라는 무섭고 비극적인 트라우마를 안고, 생존을 위해 먹고사는 문제에 온 힘을 쏟아왔다. 이념으로 분단된 한반도 상황은 귀환자뿐만 아니라 타국에 남은 사람들의 삶도 팍팍하게 만들었다. 소련 체제 아래 고려인들은 삶의 터전에서 쫓겨나 황무지로 강제이주를 당했고, 이보다는 덜 했지만 조선족은 중국 문화대혁명기에 간첩으로 몰리거나 숨죽여 살아야만 했다. 재일동포는 일본 사회의 차별을 겪으면서 동시에 남북으로 갈라진 조국의 힘든 상황도 감내해야 했다.

경제발전과 민주화라는 내부 난제에 매달려 한국 사회는 국경 너머 동포를 근현대사에 비추어 이해하는 사회적 역량을 키우는 데는 역부족이었다. 중국동포는 재미동포와 달리 1999년 제정된 재외동포법에서 배제되는 차별을 받고, 2004년이 되어서야 법적인 재외동포 자격을 얻었다. 제도적으로는 중국동포의 한국행 문호가 조금씩 넓어지는 추세이지만, 우리 사회 눈앞의 이익과 필요에 딱 한정해 열어주는 인색한 모습이다.

우리 사회는 2019년 현재 쉽지 않은 여정이지만 한반도의 안정적 평화라는 문턱을 조심스레 넘어서고 있다. 경제는 늘 그렇듯 도전적 상황에 직면해 있으나, 전반적으로 먹고사는 수준은 훨씬 넘어선 단계이다. 지난 백 년은 식민치하와 남북전쟁이란 참담한 상흔을 남겼지만, 이를 극복하기 위한 우리의 절실한 노력과 성과를 거둔 백 년의 세월이기도 하다.

정치경제적으로 어렵고 절박한 지난 시절 한반도의 많은 사람들이 살 길과 기회를 찾아 국경을 넘어선 이주자로 살았다. 이제 한국은 문호가 좁기는 하나 다양한 국적과 배경을 가진 사람들이 살 길과 기회를 찾아 들어오는 나라로 성장했다. 중국동포를 포함해 한국을 찾아온 이주자들은 지금 당장 크게 드러나지는 않지만 우리 사회 성장에 다방면으로 기여하고 있다. 우리 사회 안정과 성숙을 위해서는 거부와 차별, 인색함보다는 환대와 공존, 상생을 모색하는 편이 더 지혜로운 방식이 아닐까.

글을 마무리하면서 이제는 안 계신 할머니 한분의 말씀이 떠오른다. 손님 찾아오는 거 싫어하거나 야박하게 하는 집안은 잘 살기 글렀다는 것이다. 어머니는 부산에 대한 자부심이 있었다. 그것은 전쟁통에 몰려온 피난민을 끌어앉고 함께 살은 곳이 부산이고 부산사람들이었다는 것이다. 부산이기에 그게 가능하였다는 자부심이었다. 이런 자부심이야말로 그 도시의 품격과 시민의 품위를 높이는 게 아닐까. 부산은 피난민을 끌어안고 성장한 도시이기도 하다. 눈앞의 이익을 가져다주지 않는 것처럼 보이는 이방인과 손님을 어떻게 대하는 가를 기준으로 국가와 도시, 또는 한 집안과 개인의 품격을 가늠한다면, 이것이야말로 품위 있는 시각이 아닌가 한다.

◈ 참고문헌

강순화, 2004, 『중국 조선족 문화와 여성문제 연구』, 한국학술정보(주).

곽승지, 2013, 『조선족, 그들은 누구인가: 중국 정착과정에서의 슬픈 역사』, 인간사랑.

권태환, 2005, 『중국 조선족사회의 변화: 1990년 이후를 중심으로』, 서울대학교출판부.

권향숙, 2015, 『이동하는 조선족: 소수민족의 자기통치』, 한국학중앙연구원 출판부.

길림신문·인천문화재단, 2012, 『엄마가 한국으로 떠났어요』, 보리.

김노, 2016, 『중국여자, 한국남자』, 신세림출판사.

김일권, 2015, 『재한중국인을 통해 본 한국적 다문화주의 전개: 구 화교, 신 화교, 조선족을 중심으로』, 박문사.

김태웅,2016, 『이주노동자, 그들은 우리에게 어떻게 다가왔나: 일제 강점기 중국인 노동자와 한국인』, 아카넷.

김현미, 2014, 『우리는 모두 집을 떠난다: 한국에서 이주자로 살아가기』, 돌베개.

김호림, 2016, 『조선족, 중국을 뒤흔든 사람들』, 글누림.

박우 외 편저, 2012, 『우리가 만난 한국: 재한 조선족의 구술생애사』, 북코리아.

방미화, 2013, 『이동과 정착의 경계에서: 재한 조선족의 실천전략과 정체성』, 한국학술정보(주).

서우석 외, 2017, 『서울사회학: 서울의 공간, 일상 그리고 사람들』, 나남.

신혜란, 2016, 『우리는 모두 조선족이다: 뉴몰든에서 칭다오까지, 오늘도 떠나는 사람들』, 이매진.

안동반도, 2015, 『심각하고 이상한 나라 대한민국 제2부』, 좋은땅.

예동근 외, 2011 『조선족 3세들의 서울 이야기』, 백산서당.

윤건차, 2016, 『자이니치의 정신사: 남·북·일 세 개의 국가 사이에서』, 한겨레출판.

이민자, 2007, 『중국 호구제도와 인구이동』, 폴리테이아.

이주여성인권포럼, 2013, 『우리 모두 조금 낯선 사람들: 공존을 위한 다문화』, 오월의봄.

이춘복, 2010, 『파란과 곡절 그리고 희망: 중국조선족 출신 결혼이민자의 일대기』, 경진.

정미량, 2016, 『발로 찾아 쓴 조선족 근현대 교육사』, 살림터.
정태연, 2015, 『조선족 여성, 동남아시아 여성 그리고 새터민의 적응 유형 분석 및 삶의 질 향상 방안 모색』, 집문당.
조은, 2012, 『사당동 더하기 25: 가난에 대한 스물다섯 해의 기록』, 또하나의문화.
조일준, 2016, 『이주하는 인간, 호모 미그란스: 인류의 이주 역사와 국제 이주의 흐름』, 푸른역사.
최연실 외, 2014, 『한·중·일 사회에서의 소수자가족』, 하우.
한주, 2017, 『조선족 재발견』, 유아이북스.
디쾨터, 프랑크(Frank Dikotter), 2017, 『문화 대혁명: 중국 인민의 역사 1962~1976』, 고기탁 옮김, 열린책들.
잉싱(應星), 2017, 『중국사회』, 장영석 옮김, 사회평론아카데미.
유명기, 2002, 「민족과 국민 사이에서: 한국 체류 조선족들의 정체성 인식에 관하여」, 《한국문화인류학》, 35-1, 한국문화인류학회.
이해응, 2014, 「중장년 조선족 여성 이주노동자의 몸 아픔 경험에 관한 연구」, 《한국여성학》, 제30권 1호, 한국여성학회.
이현욱, 2013, 「20~30대 조선족의 초국가적 이주의 특성: 화이트칼라를 중심으로」, 《디아스포라연구》, 제7권 제1호(제13집).
최홍, 2011, 「기로에 선 중국동포정책의 현안과 해법」, 《SERI 경제 포커스》, 제348호, 삼성경제연구소.
서울특별시 여성가족정책실 외국인다문화담당관, 2015, 주요 업무현황(2015.2).
구로구근로자복지센터, 2015, 중국출신 여성노동자의 노동시장과 생활세계 연구: 서울 남서부지역 제조업 노동자를 중심으로.
오정은 외, 2015, 서울 서남권 중국동포 밀집지역 현황 조사 연구, 서울특별시 여성가족정책실 외국인다문화담당관.
이해응, 2013, 중장년 조선족 이주여성의 노동경험과 탈구적 삶에 관한 연구, 이화여자대학교 박사학위 논문.
곽재석 외, 2011, 재외동포의 이주현황 및 향후 정책방향, 법무부 출입국·외국인정책본부.
김원홍 외, 2014, 조선족여성의 경제활동실태와 인력활용방안, 대외경제정책연구원·한국여성정책연구원.
양한순 외, 2013, 서울 거주 중국동포 실태조사 및 정책수립 연구, 서울특별시.
국립국어원 한국어문교열기자협회, 2009, 이런 말에 그런 뜻이?: 차별과 편견을 낳는 말들.

가깝고도 먼 우리 함께 살기

– 서울의 중국동포 여성 이야기

지은이 신경희

초판 1쇄 인쇄 2019년 8월 16일
초판 1쇄 발행 2019년 8월 23일

펴낸이 서왕진
펴낸곳 서울연구원
편집 전말숙, 송도숙
연구진 최지원
디자인 박진범
인쇄·제본 민언프린텍
업무협조 이원영, 이수재

주소 서울시 서초구 남부순환로 340길 57
전화 02-2149-1234
팩스 02-2149-1019
홈페이지 www.si.re.kr

ISBN 979-11-5700-401-0 93330